"En *Cómo ayudar a tus hijos a limpia*
nos da el fundamento para crear un
en desarrollo del niño. Las herramientas y las prácticas en este libro cambiarán el resultado de futuras generaciones. ¡Es lectura obligada para cualquiera que busque romper el ciclo!".

Dra. Nicole LePera, autora del éxito del ventas #1 del *New York Times, Sánate*

"¡Un libro de lectura obligada sobre cómo criar hijos resilientes y fuertes mentalmente! La Dra. Leaf tiene un modo extraordinario de hacer que la ciencia de la salud mental sea práctica y aplicable. ¡Este libro ayudará a muchos padres y madres!".

Kate Walsh, actriz, conservacionista, y fundadora de Boyfriend Perfume

"Criar hijos en este mundo es más difícil de lo que ha sido nunca; por eso un libro como este no tiene precio. La Dra. Leaf, una gran líder en este campo, te ayuda a que te asegures de hacer todo lo que puedas en la sagrada tarea de la crianza de los hijos".

Dave Asprey, padre de Biohacking, fundador de Bulletproof, y autor de cuatro éxitos de ventas del *New York Times*

"Dos motivos por los que amo a la Dra. Leaf: (1) ¡Es una compatriota sudafricana! y (2) Tiene un profundo interés en ayudar a los niños a desarrollarse. Su nuevo libro está lleno de preguntas prácticas y estrategias para que padres y cuidadores críen hijos sanos y saludables; ¡hijos que puedan ser una fuerza para bien en este mundo!".

Demi-Leigh Tebow, Miss Universo 2017 y Miss Sudáfrica 2017, oradora motivacional, influencer social, filántropa y emprendedora

"*Cómo ayudar a tus hijos a limpiar su enredo mental* equipa a la siguiente generación con las habilidades para la vida y el empoderamiento que todos necesitamos, pero raras veces recibimos. Da claridad a los retos de ser humano, y esperanza concreta para hacerse camino en el presente, de modo que los jóvenes puedan experimentar un futuro más brillante".

Alyson Stoner, actor, defensor de la infancia y fundador de Movement Genius

"Caroline tiene un don para traducir descubrimientos complejos de la ciencia y basados en evidencia, en pasos sencillos y procesables. Lectura obligada para quienes quieren aprender a hacerse camino en la actual crisis de salud mental y darle a su familia el regalo del manejo de la mente".

Lewis Howes, autor del éxito de ventas del *New York Times* *La escuela de la grandeza*

"Hay muchas cosas por las que asombrarse y preocuparse en lo que respecta a nuestros hijos. *Cómo ayudar a tus hijos a limpiar su enredo mental* proporciona las herramientas para asegurar una salud mental extraordinaria para tu hijo. ¡Puede que también termines corrigiendo parte de tu enredo mental!".

Michelle Williams, oradora, autora y cantante

"El nuevo libro de la Dra. Leaf es una guía esencial para cualquiera que quiera enseñar a sus hijos a mejorar su función cognitiva, su resiliencia emocional, y su fortaleza mental. Cuando enseñamos a nuestros hijos a dominar su mente, les enseñamos a convertirse en los dueños de sus vidas, ¡y este libro te mostrará cómo hacerlo!".

Jim Kwik, entrenador mental y autor del éxito de ventas del *New York Times, Sin límites*

"El Neurociclaje de la Dra. Leaf ofrece un enfoque revolucionario de cinco pasos para manejar los sentimientos grandes; y es útil para los padres al igual que para el niño".

Melissa Urban, autora del éxito de ventas del *New York Times*
The Book of Boundaries

"En estos tiempos es obligado criar hijos emocionalmente fuertes y resilientes. Este libro es lectura obligada para cualquiera que quiera ayudar a los niños a navegar por las batallas de salud mental y darles las herramientas para lidiar con los altibajos de la vida sin sentirse derrotados".

Jordan Harbinger, creador de The Jordan Harbinger Show

"La Dra. Leaf demuestra una profunda empatía y compasión junto con una comprensión excelente de la importancia científica de lo que conocemos acerca del cerebro en desarrollo. Este magnífico recurso debería ser lectura esencial no solo para los padres, sino también para todos los profesionales con la tarea de ayudar a los niños a crecer saludablemente en la que puede ser, algunas veces, una cultura tóxica y desafiante para sobrevivir".

Dr. Sami Timimi, profesor invitado de psiquiatría infantil
en la Universidad de Lincoln (RU), y autor

"En este libro, la Dra. Leaf propone estrategias de salud mental sencillas, accesibles, y basadas en la evidencia que puedes enseñar a tu hijo para ayudarle a procesar eventos de la vida y lidiar con batallas de salud mental. Los consejos en este libro ayudarán a los niños a navegar mejor por los retos del crecimiento".

Dra. Joanna Moncrieff, psiquiatra, autora,
y profesora en el University College London

"La Dra. Leaf de nuevo ha sintetizado para nosotros una riqueza de sabiduría y experiencia para producir 'un primer paso científico y basado en la evidencia para lidiar con la crisis en la salud mental de los niños mediante el manejo de la mente'. Lo hace mediante construir un fundamento riguroso, e infunde esperanza ofreciendo a los padres herramientas sencillamente profundas para su uso diario, lo cual ayudará a inculcar una autorregulación cada vez mejor en nuestros hijos, permitiéndoles crecer y madurar de maneras naturales y dadas por Dios".

Robert P. Turner, MD, MSCR, QEEGD, BCN, profesor asociado de pediatría clínica, Medical University of South Carolina

"El nuevo libro de la Dra. Caroline Leaf es una guía oportuna y críticamente importante para que familias en todos los lugares sigan avanzando hacia la paz interior, el bienestar emocional y mental, y vivir la vida que todos queremos. El intenso sufrimiento en silencio a manos de nuestros propios pensamientos puede superarse de una vez por todas con las herramientas poderosas y prácticas que la Dra. Leaf expone tan acertadamente. ¿Qué mejor regalo para dar a tu familia y a tus hijos que el regalo de la paz?".

Kimberly Snyder, autora del éxito de ventas del *New York Times* *You Are More Than You Think You Are*

"Hay dos cosas que el sistema educativo no nos enseña: cómo operar y desarrollarnos verdaderamente en nuestro cuerpo, y cómo operar y desarrollarnos verdaderamente en nuestra mente. Y este libro es esa receta para enseñar a nuestros hijos a desarrollarse en su mente y su cuerpo. Eso debería ser una parte esencial de nuestro sistema educativo global".

Vishen Lakhiani, fundador y CEO de Mindvally y autor de éxitos de ventas

"Como padres, este tema está en nuestros corazones. Es consolador recibir un mensaje de esperanza y aprender cómo podemos ayudar a nuestros hijos a aprender a manejar su salud mental. La Dra. Leaf da a padres y tutores un sistema basado en la ciencia para ayudarlos a enseñar a sus hijos a atravesar los retos de la vida y definir su propia historia única. Recomendamos encarecidamente este libro".

Colleen y Jason Wachob, cofundadores y co-CEO de mindbodygreen

"Me encanta el consejo práctico en este libro, y me gustaría haberlo tenido cuando mis tres hijos eran más pequeños. Es lectura obligada si tus hijos están enfrentando ansiedad, depresión, acoso escolar, o en realidad cualquier lucha de salud mental. La Dra. Leaf proporciona estrategias de la vida real para que puedas ayudar a tus hijos, no solo a lidiar con cualquier cosa que la vida les presente, sino también a sentirse exitosos en todo lo que hacen".

Mel Robbins, autora de éxitos de ventas del *New York Times* y galardonada presentadora de podcast

"La Dra. Leaf tiene una riqueza de conocimiento que es útil para padres e hijos. Esta es una guía excelente para ayudar a los niños a aprender a no permitir que los retos que enfrentan eviten que vivan su mejor vida y alcancen sus sueños".

Nedra Glover Tawwab, LCSW, terapeuta, autora de éxitos de ventas del *New York Times*, y experta en relaciones

"En estos tiempos, nuestra capacidad de permanecer resilientes y plenamente funcionales ante los retos cada vez mayores de nuestro mundo se ve amenazada como nunca antes. Por fortuna, la Dra. Leaf nos da herramientas importantes para recuperar la compostura y mantenernos centrados a medida que nos encontramos con los obstáculos de la vida. Este es un libro que ayudará a muchos".

David Perlmutter, MD, FACN, autor de éxitos del *New York Times*

"¿Y si pudiéramos hacer más para fomentar la resiliencia y la buena salud mental desde temprana edad? La Dra. Leaf responde a esa pregunta con investigación respaldada por la ciencia y consejos para criar niños mentalmente fuertes que son capaces de manejar y procesar sus emociones. En lugar de repetir el ciclo, podemos ayudar a facilitar el cambio para la siguiente generación".

Dr. Will Cole, experto en medicina funcional y autor de los éxitos de ventas del *New York Times Intuitive Fasting* y *Gut Feelings*

"¡Vaya! Qué apoyo tan brillante para todos los padres en la actualidad. Me encanta cómo la Dra. Leaf utiliza ciencia y personalidad para hacer que las mejores herramientas del manejo de la mente sean sencillas de usar".

Poppy Jamie, autora de éxitos de ventas, fundadora de Happy Not Perfect, y presentadora del *podcast Not Perfect*

"Lectura obligada para cualquier padre o tutor que quiera preparar a su hijo para tener éxito en este mundo emocional, mental y físicamente. Este libro te ayudará a darle a tu hijo las herramientas que necesita para manejar retos mentales ¡y vivir su mejor vida!".

Ed Mylett, emprendedor global, autor de éxitos de ventas, y presentador de podcast

CÓMO AYUDAR A TUS HIJOS

A LIMPIAR SU ENREDO MENTAL

GUÍA PARA DESARROLLAR SU SALUD MENTAL Y CREAR RESILIENCIA

DRA. CAROLINE LEAF

Nota: *Esta publicación tiene la única intención de proveer material informativo y útil sobre los temas que aborda. Los lectores deben consultar su profesional de la salud o médico personal antes de adoptar cualquiera de las sugerencias en este libro, o de hacer inferencias de este material. Ni el editor ni el autor asumen responsabilidad alguna por las posibles consecuencias de cualquier acción tomada por cualquier persona que utilice o aplique la información de este libro. Siempre consulte a su médico u otro profesional de la salud calificado antes de realizar cualquier cambio en su régimen físico, ya sea en ayunas, dieta, medicamentos o ejercicio.*

Algunos nombres y detalles identificables han sido cambiados para proteger la privacidad de individuos.
Brain-ee es una marca registrada de la Dra. Caroline Leaf. En esta versión en español, fue traducido como "Cerebrito".

Traducción al español por:
Belmonte Traductores
www.belmontetraductores.com

Editado por: Ofelia Pérez

CÓMO AYUDAR A TUS HIJOS A LIMPIAR SU ENREDO MENTAL
Guía para desarrollar su salud mental y crear resiliencia

ISBN: 979-8-88769-038-4
eBook ISBN: 979-8-88769-039-1
Impreso en Colombia.

Whitaker House
1030 Hunt Valley Circle
New Kensington, PA 15068
www.whitakerhouse.com

Por favor, envíe sugerencias sobre este libro a: comentarios@whitakerhouse.com.

1 2 3 4 5 6 7 8 9 10 11 **W** 30 29 28 27 26 25 24 23

Este libro lo dedico a mi excepcional familia:
mi esposo Mac;
mis cuatro hijos: Jessica, Dominique, Jeffrey y Alexy;
y mis dos yernos: Eli y Jay.

Toda la investigación que hago, cada palabra que escribo,
están guiados por la profundidad de sabiduría que obtengo de
mi relación con cada uno de ustedes.

El amor que compartimos es un amor que perdura más
que el tiempo mismo.
Este libro también lo dedico a cada papá, mamá, y cada hijo.
Quiero que sepan que está bien ser un caos
porque, juntos, limpiaremos el enredo.

No tenemos una crisis de salud mental;
tenemos una crisis del manejo de la mente.
Este es el momento y la hora para honrar las hermosas
mentes de nuestros hijos
y sus historias individuales

ÍNDICE

PARTE 3:
CÓMO APLICAR EL NEUROCICLAJE A LAS EXPERIENCIAS DE LA VIDA

PREFACIO

Parece que cada día vemos un nuevo reporte en las noticias acerca de la crisis de salud mental que existe entre niños y jóvenes, y también que los índices de depresión, ansiedad y suicidio están empeorando.[1] Recientemente, el director general de Salud Pública de los Estados Unidos incluso emitió una recomendación para proteger la salud mental de la juventud.[2] Parece que las cosas van mal, y para muchos jóvenes efectivamente es así.

Aunque los retos de salud mental no son nuevos, sí son diferentes para cada generación. Tomemos el acoso escolar, por ejemplo, que no es un fenómeno nuevo y exclusivo del siglo XXI. Sin embargo, hoy día los niños se llevan el acoso a sus casas en su teléfono celular, tableta, o computadora. Ningún lugar parece seguro. Una gran extensión de las interacciones sociales humanas ha cambiado con la llegada de la revolución tecnológica, y esos cambios han transformado el modo en que muchas personas, los niños incluidos, se perciben a sí mismas y el mundo que les rodea, lo cual ha contribuido al aumento de sentimientos de soledad y aislamiento entre todos los grupos de edades, a medida que pasamos cada vez más tiempo en el internet y a solas.

AUNQUE LOS RETOS DE SALUD MENTAL NO SON NUEVOS, SÍ SON DIFERENTES PARA CADA GENERACIÓN.

El mundo está cambiando, y algunas veces puede parecer que apenas podemos mantener nuestra cabeza a flote, seamos padres y madres, tutores, o niños vulnerables que estamos intentando averiguar cuál es nuestro lugar en el mundo. Esos sentimientos se han visto exacerbados por la reciente pandemia y otros eventos mundiales importantes, que a menudo hacen que todo parezca peor, estresando nuestra sensación de salud mental.

Cuando se trata de abordar estos asuntos, antes debemos reconocer que somos algo más que solamente individuos que tienen problemas individuales. Somos seres humanos en una comunidad, lo cual significa que necesitamos abordar los problemas de salud mental a nivel comunitario. Según el Estado Mental del Proyecto Mundial, los países con mayor puntuación en individualismo y orientación al desempeño tienden a tener métricas de bienestar mental más bajas, mientras que los países con mayor puntuación en colectivismo grupal y familiar tienden a tener mejor bienestar mental.[3] No podemos pensar en el niño solamente como un individuo; tenemos que considerar al niño en medio del entorno que ocupa, incluyendo cómo manejamos nosotros, como personas adultas, nuestra propia salud mental y cómo eso puede influir en nuestros hijos.

Necesitamos mirar cómo estamos enseñando a nuestros hijos a procesar y hacerse camino en el mundo en que vivimos. ¿Estamos mostrando a nuestros hijos cómo manejar y gestionar su mente? ¿Estamos mostrando a nuestros hijos cómo gestionar los altibajos de la vida? ¿Les estamos ayudando a entender desde que son pequeños que donde va la mente le siguen el cerebro y la vida?

Este proceso comienza con nosotros como padres: el modo en que gestionamos nuestra salud mental es un modelo que mostrará a nuestros hijos cómo gestionarán su salud mental. La investigación refleja que el estrés no controlado de un adulto se convierte en el estrés no controlado del niño. Por lo tanto, una de las mejores maneras de poder ayudar a nuestros hijos con su salud mental es trabajando en nuestra propia salud mental.

Al implementar los métodos que se presentan en este libro, aprenderás cómo hacerte camino exitosamente por la angustia mental que proviene de los enredos de la vida y, al mismo tiempo, demostrar a tus hijos que es posible encontrar paz en medio de las tormentas.

Nuestra mente dirige quiénes somos: cómo pensamos, sentimos, y decidimos. Nuestra mente dirige cómo despertamos en la mañana y comenzamos el día; cómo nos conducimos durante el día; cómo interactuamos con nuestra familia, nuestros amigos, maestros, y con el entorno; y cómo manejamos las cosas buenas y malas que nos suceden. Nuestra mente dirige el modo en que nuestro cuerpo crea células, influyendo en nuestra salud biológica y en cómo absorbemos los nutrientes de los alimentos.[4] La mente controla todo lo que tiene que ver con nuestra vivacidad. Podemos pasar tres semanas sin comer, tres días sin agua y tres minutos sin oxígeno, ¡pero ni siquiera soportamos tres segundos sin utilizar nuestra mente!

Si la mente es la fuerza motivadora de nuestra vivacidad (sensación de estar vivos) como seres humanos, deberíamos emplear una cantidad inmensa de energía en entender y desarrollar las habilidades del manejo de la mente para ayudarnos a nosotros mismos y también a nuestros hijos a manejar los caprichos de la vida. Un niño con un manejo de la mente poco desarrollado tiene tendencia a ser más vulnerable a sentimientos intensos de confusión, y verse abrumado cuando intenta procesar aquello a lo que está expuesto, porque no tiene las habilidades mentales necesarias para entender lo que le está sucediendo o para comunicar lo que está experimentando.[5] Es nuestra tarea como padres, cuidadores y educadores ayudarlos a hacerse camino en un mundo que fácilmente puede parecer aterrador y abrumador. Una de las mejores maneras de poder hacerlo es darles el regalo del manejo de la mente.

■ ■ ■

En este libro ofrezco un primer paso científico y basado en la evidencia para lidiar con la crisis de salud mental en los niños mediante el manejo de la mente. Te daré maneras sencillas y fáciles de usar para poder comenzar a enseñar a tus hijos cómo manejar su mente y que así, a medida que crecen, puedan vivir mejor. Además, a lo largo del camino podrás aprender un par de cosas acerca de cómo manejar tu propia mente para que también tú puedas vivir una vida de resiliencia, paz, y alegría.

La clave de este libro es entender cómo funciona la mente. Hablo de que crecerá aquello en lo que más pensemos, cómo se fusiona el cerebro con nuestro entorno, y cómo la mente dirige este proceso. También hablaré de modo sencillo sobre cómo puedes comunicarte fácilmente con tu hijo, cómo una mente no controlada puede crear un enredo mental, y cómo eso cambia el cerebro mediante la neuro plasticidad, lo cual contribuye a experimentar sentimientos de temor, confusión, tristeza, y estar abrumado.

¡La historia no termina aquí! La mente y el cerebro siempre pueden cambiar mediante un manejo dirigido de la mente. He pasado casi cuatro décadas investigando cómo funcionan la mente y el cerebro, y he desarrollado un sistema sencillo y basado en la evidencia que se llama Neurociclaje, del cual hablaré en este libro. El Neurociclaje funciona identificando pensamientos tóxicos y desestabilizándolos en ciclos de 63 días al construir pensamientos positivos, sanos, y reconceptualizados. En este libro te enseño a usar este sistema con tu hijo, y te doy pasos, ejercicios, y ejemplos prácticos para ayudar a tu hijo a extenderse más allá de la consciencia plena para aceptar, procesar, y reconceptualizar sus experiencias.

A medida que te vayas abriendo paso por la información en este libro, aprenderás a crear un entorno seguro para que tu hijo trabaje en su bienestar mental. Aprenderás a darle las habilidades que necesita para poder relatar sus propias historias. No aprenderás a resolver todos sus problemas o lograr que se aleje su dolor, porque eso es imposible; sin embargo, aprenderás a ayudarle a plantear el tipo de preguntas que necesita y a recibir la clase de ayuda mental que requiere.

LA MENTE Y EL CEREBRO SIEMPRE PUEDEN CAMBIAR MEDIANTE UN MANEJO DIRIGIDO DE LA MENTE.

Cuando ayudamos a nuestros hijos a autorregularse más en todos los aspectos, incluyendo cómo manejan sus emociones, conductas y perspectivas, los enseñamos a sintonizar con los mensajes que provienen de su mente, su cerebro y su cuerpo, y utilizarlos para su beneficio. Al hacerlo, creamos un espacio para que nuestros hijos analicen y procesen lo que ven y oyen tanto en el internet como en la vida real. Les ayudamos a sentirse cómodos al enfrentar lo incómodo, y les enseñamos a aceptar sus emociones y recibir los mensajes que les producen esos sentimientos, en lugar de tener miedo o sentirse tristes o confundidos. De este modo, evitamos tratar la niñez como una patología y les ayudamos a aceptar su humanidad.

En la Parte 1 de este libro aprenderás a ayudar a tu hijo a entender las claves de cómo funciona la mente. La Parte 2 te muestra cómo enseñar a tu hijo el Neurociclaje para el manejo de la mente. En la Parte 3 aprenderás a aplicar el Neurociclaje en diferentes situaciones, como peleas diarias, trauma, problemas de sueño, y otras.

Para ayudarte en este viaje, ¡quiero presentarte a Cerebrito!

Cerebrito es un personaje de caricatura que yo desarrollé y que recorre este viaje de salud mental junto con tu hijo, lo cual ayudará a facilitar la conversación acerca de sus luchas con la salud mental. Cerebrito se utiliza a lo largo de este libro para explicar los conceptos de modo visual, y es una herramienta estupenda para ayudar a tu hijo a entender sus emociones y lo que está experimentando. Incluso puedes conseguir a Cerebrito como juguete para tu hijo en la página drleaf.com para ayudar a animarlo y enseñarle a comunicarse cuando algo vaya mal y cuando necesite ayuda.

■ ■ ■

PARTE 1

LAS CLAVES PARA ENTENDER CÓMO FUNCIONA LA MENTE

En los capítulos siguientes te ayudo a entender, y también a que ayudes a tu hijo a entender, la conexión entre mente, cerebro y cuerpo, qué son los pensamientos y los recuerdos, y la importancia de la autorregulación.

1

LA CONEXIÓN ENTRE MENTE, CEREBRO Y CUERPO

Cualquier cosa que experimentemos con nuestra mente pasa por el cerebro y el cuerpo, y por eso es tan importante el manejo de la mente. Si no manejamos el impacto de nuestras experiencias, pueden afectar nuestro bienestar mental *y* físico.

En este capítulo te presento cómo funciona la conexión entre mente, cerebro y cuerpo, para que puedas tener una mejor conceptualización de cómo ayudar a tu hijo a entender el modo en que sus pensamientos pueden influenciar cómo se siente mental y físicamente.

Lo que necesitamos recordar es que los niños son con frecuencia mucho más perspicaces de lo que pensamos; sin embargo, como todavía están creciendo y desarrollándose, a menudo no saben qué hacer con todo lo que observan y experimentan. Es fácil para los niños sentirse abrumados por la vasta expansión de información que se absorbe diariamente mediante la mente y el cerebro.

Con o sin manejo de la mente, solo en virtud de ser humanos, los niños transfieren las experiencias de la vida a las redes neuronales del cerebro y por medio de su cuerpo *con* su mente. Este proceso cambia la mente, el cerebro, y el cuerpo; tiene un impacto, el cual se manifestará en el modo en que un niño opera mentalmente y físicamente. Somos criaturas psico neurobiológicas, y la mente, el cerebro y el cuerpo están unidos estrechamente.

Por ejemplo, digamos que tu hijo está ansioso. "Eso" que hace que esté ansioso es un pensamiento físico real compuesto por respuestas de estímulo en el interior de los recuerdos en su cerebro.[1] La mente conforma la acción de que se preocupe o esté ansioso por ese pensamiento. Cuanto más se preocupe tu hijo por ese pensamiento, más puede influenciar en él a nivel emocional y físico (el cuerpo), incluyendo síntomas de enfermedad física como molestias estomacales o palpitaciones del corazón.[2]

Si tu hijo ha tenido alguna vez un berrinche, estoy segura de que conoces la sensación. Si está preocupado acerca de la escuela, por ejemplo, y se molesta mucho cuando intentas que se prepare en la mañana, eso es una señal de advertencia que está emergiendo de sus pensamientos, la cual, a su vez, fue integrada en el cerebro por su mente basándose en el modo en que procesó sus experiencias.

Para entender mejor todo esto, pensemos en un jardín. Cuando el jardín está desarreglado y lleno de malas hierbas, no se ve ni se siente bien. Cuando una mente es como un jardín desarreglado parece que no está funcionando, y las cosas parecen descontrolarse rápidamente. Por otro lado, cuando el jardín está en flor y con salud, puede verse afectado por unas pocas malas hierbas o una tormenta, pero no afectan a largo plazo la salud del jardín.

Por fortuna, hay sistemas extraordinarios en la mente, el cerebro y el cuerpo que pueden ayudarnos a enseñar a nuestros hijos a construir un jardín sano en su mente. Cuando aprenden a manejar su mente, pueden lograr que la conexión entre mente, cerebro y cuerpo funcione a su favor, lo cual les ayudará a lidiar con el impacto que tienen sus experiencias en ellos, sin importar cuál sea su edad.

Todo esto comienza observando las señales que envían la mente, el cerebro y el cuerpo. Estas señales se pueden categorizar en cuatro componentes básicos: emociones, conductas, sensaciones corporales y perspectivas,[3] de los cuales hablaremos en detalle en el capítulo 3. Una parte importante del manejo de la mente es sintonizar con estas señales para descubrir la historia a la que están vinculadas y después cambiar cómo se desarrolla esa historia en nuestro interior *y* en nuestro futuro. Esto involucra la autorregulación, la cual nos ayuda a dar un paso atrás, observarnos a nosotros mismos, y monitorear cómo interactuamos con el mundo.

ENTENDER LA MENTE

Entender este proceso de manejo de la mente comienza con entender la mente. La mente es cómo pensamos, sentimos, y decidimos como respuesta a todo lo que sucede a nuestro alrededor mientras estamos despiertos. El pensamiento, el sentimiento y la decisión de la mente trabajan juntos como equipo para "agarrar" nuestras experiencias en la vida y ponerlas en nuestro cerebro como energía.

Esta energía da como resultado cambios estructurales en el cerebro que contienen los recuerdos de nuestras experiencias, los cuales se unen en grupos y forman un pensamiento como si fueran las ramas de un árbol. Estos cambios son dirigidos por la mente mediante un proceso conocido como neuroplasticidad.[4] La mente esencialmente planta nuestras experiencias en el cerebro como "árboles de pensamientos".[5] Los árboles de pensamientos son las neuronas formadas por axones y dendritas en el cerebro.

A continuación, tenemos dos imágenes para ayudarnos a entenderlo. La primera es la imagen de axones y dendritas en una neurona. Toda la neurona es el árbol de pensamientos, y las dendritas son los recuerdos en el árbol de pensamientos.

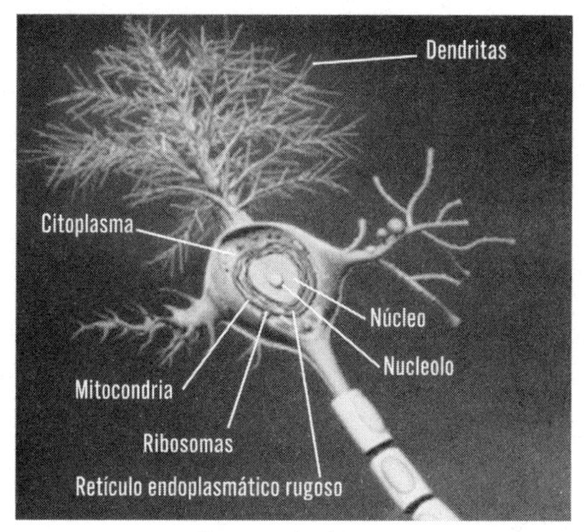

Axones y dendritas

Esta imagen siguiente muestra cómo se ven estos árboles de pensamientos en el interior del cerebro.

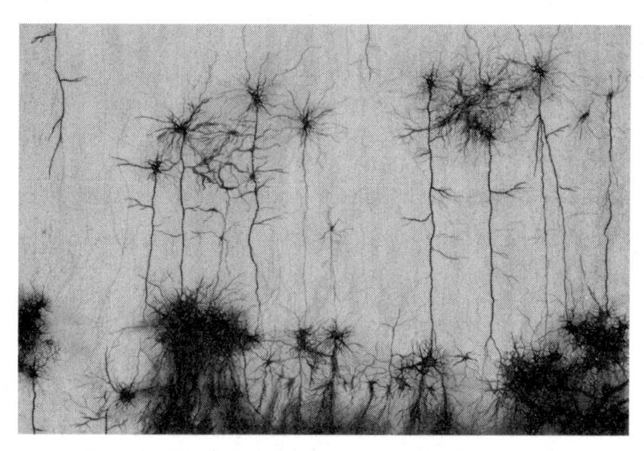

Una colección de "árboles de pensamientos" o neuronas

La mente utiliza el cerebro para almacenar lo que experimenta, es decir, los eventos y circunstancias de la vida, como "árboles de pensamientos". Respondemos y reaccionamos a esas experiencias mientras estamos despiertos y en cierto modo las organizamos mientras dormimos, razón por la cual tenemos sueños y pesadillas.[6] Un pensamiento, por lo tanto, es el producto de la mente en acción. Un pensamiento es materia física formada por proteínas y sustancias químicas que ocupa bienes raíces mentales en el cerebro como si fuera una estructura parecida a un árbol de nuestras neuronas *y* como campos gravitacionales en la mente *al igual que* en las células de nuestro cuerpo.

Por eso, a menudo se describe el cerebro como un respondedor neuroplástico. Cada vez que es estimulado por nuestra mente, responde de muchas maneras, incluyendo cambios neuroquímicos, genéticos, y electromagnéticos. Eso, a su vez, desarrolla y cambia estructuras en el cerebro, construyendo o uniéndose en nuevos pensamientos físicos. El cerebro nunca es el mismo porque cambia con cada experiencia que tenemos, cada momento de cada día; y, cuando el cerebro cambia, el cuerpo también cambia.

La mente integra todas esas experiencias de la vida diaria de nuestro cerebro y nuestro cuerpo, y las fija en la noche cuando estamos dormidos. La mente es, por lo tanto, algo más que una máquina que funciona sin detenerse nunca. Es una fuerza impulsora increíblemente compleja que dirige el cerebro y el cuerpo. La mente "interviene" en el cerebro y el cuerpo y se convierte en nuestra sensibilidad. Nuestra mente es donde se forman nuestra identidad y singularidad; es donde se reconoce quiénes somos: nuestra consciencia.

En términos de la conexión entre mente, cerebro y cuerpo, el cerebro y el cuerpo son las partes físicas formadas por materia, mientras que la mente es la parte de energía formada por ondas electromagnéticas y campos gravitacionales.[7] Son separables pero inseparables, porque todos necesitan trabajar juntos para funcionar como un ser humano en el mundo. Eso significa que todo lo que experimentemos con nuestra mente pasa por el cerebro y el cuerpo, razón por la cual el manejo de la mente es tan importante. Si no manejamos el impacto de nuestras experiencias, pueden afectar nuestro bienestar mental y físico.

La mente en sí misma tiene tres partes, y la mayor de ellas es la mente inconsciente. La mente inconsciente es inmensa y nunca se va a dormir. Es extremadamente inteligente, increíblemente rápida, y puede trabajar en varias cosas a la vez para mantenernos vivos y en funcionamiento. Monitorea todos nuestros pensamientos existentes y los recuerdos de los que están formados, y siempre busca lo que nos esté preocupando o afectando de alguna forma para ayudarnos a repararlo y restaurar el balance.

Cuando la mente inconsciente encuentra un pensamiento que nos preocupa, lo envía a la segunda parte de la mente, que es la mente subconsciente, la cual es como un puente entre la mente inconsciente y la mente consciente. Según mi teoría, llamada Teoría Geodésica de Procesamiento de Información, la mente inconsciente opera las 24 horas del día y es lo que nos impulsa. Proporciona información a la mente consciente que entonces interviene en nuestro "resultado simbólico", el cual compone lo que sentimos, decimos y hacemos, cómo nos sentimos en nuestro cuerpo, y nuestras perspectivas.[8]

A diferencia de la mente inconsciente, que trabaja las 24 horas del día, la tercera parte de la mente, la mente consciente, está despierta solamente cuando el cuerpo está despierto y es mucho más lenta que la mente inconsciente. La mente inconsciente procesa aproximadamente del 90 al 95 por ciento de todo aquello a lo que estamos expuestos en cualquier momento dado, pero la mente consciente puede enfocarse y procesar solamente en torno al 5 y 10 por ciento.[9]

Como mencionamos antes, una de las principales tareas de la mente inconsciente es escanear toda la información en las redes neuronales, erradicar la materia tóxica, y hacernos conscientemente atentos a ello. Es aquí donde la mente consciente es realmente buena en intervenir y agarrar esos pensamientos tóxicos de la mente inconsciente, deconstruirlos, y reconstruirlos de modo que no afecten nuestra salud mental y física. Mientras más aprendemos a manejar nuestra mente mediante la autorregulación, más activamos este juego dinámico entre la mente consciente y la mente inconsciente: ¡nuestro sistema protector integrado de salud mental![10]

EL NEUROCICLAJE

El sistema científico del manejo de la mente que he investigado y desarrollado, el Neurociclaje, forma la base de este libro. Ayudará a tu hijo a desarrollar comunicación entre las diferentes partes de su mente y aprender cómo la mente afecta el cerebro y el cuerpo. Enseñará a tu hijo a entender los mensajes provenientes de su mente inconsciente y prevenir pensamientos y recuerdos tóxicos evitando que se hagan más fuertes y afecten su salud mental.

Cuando aprendemos a manejar nuestra mente y cambiar nuestras percepciones, como observé en mi estudio de investigación clínica más reciente, podemos cambiar la respuesta de nuestro cerebro, nuestra fisiología, y nuestra salud celular, lo cual se refleja en nuestra mente debido al bucle de retroalimentación entre el cerebro y el cuerpo.[11]

El manejo de la mente es una de las maneras más eficaces de crear resiliencia en un niño, porque le enseña a enfocarse menos en lo que le sucedió y más en lo que puede hacer al respecto. Ayuda a los niños a contextualizar sus experiencias en la vida en lugar de simplemente diagnosticarlas y ponerles una etiqueta basándose en un difuso sistema de síntomas. Va más allá del actual sistema de cuidado de la salud mental biológica para abordar al niño por completo: su biología, su comunidad, su fisiología, su individualidad, y su historia.

Nuestra vida es el producto de nuestras experiencias, lo cual se convierte en nuestra historia de vida individual. Cuando damos a los niños las herramientas mentales para suplir sus necesidades, les damos las herramientas para relatar sus propias historias. Podemos enseñarles que, aunque no siempre podemos cambiar lo que nos sucede, sí podemos cambiar cómo impacta en nosotros y se desarrolla en nuestra vida.

LA RESILIENCIA INNATA DE TU HIJO

Implica aprender activamente a ver las cosas desde la perspectiva de tus hijos. Ellos son los expertos en quiénes son y las experiencias vividas que tienen, y es nuestra responsabilidad como las personas adultas en su vida validar su singularidad, apoyarlos, y ayudarlos a aceptar, procesar, y reconceptualizar sus propias narrativas.

Indudablemente, dado que los peligros y las presiones en la vida son naturales e inevitables, padres, cuidadores y maestros tienen la responsabilidad de ayudar a los niños a desarrollar su resiliencia innata: enseñarles a crecer y aprender de las diversas experiencias de la vida. Sí, necesitamos proteger a nuestros hijos a medida que se convierten en personas adultas, pero también necesitamos darles las herramientas para manejar el fracaso y las experiencias dolorosas, porque son partes inevitables de la vida.

Llegaría incluso a decir que proteger a nuestros hijos significa enseñarlos a manejar la vida incluso cuando nosotros ya no estemos a su lado para protegerlos. Si infundirnos en nuestros hijos mensajes que dicen que los fracasos y las experiencias dolorosas causarán un daño duradero e irreparable en ellos, afectaremos negativamente su capacidad para desarrollar resiliencia. Como observaron Greg Lukianoff y Jonathan Haidt en su libro *The Coddling of the American Mind* (La transformación de la mente moderna), hemos desarrollado una "obsesión moderna por proteger a los jóvenes de 'sentirse inseguros'" y, en muchos aspectos, eso está inhibiendo su capacidad de sentirse capaces de enfrentar los retos de la vida. Esta es posiblemente "una de las (varias) causas del rápido aumento en los índices de depresión, ansiedad y suicidio en adolescentes" que observamos en nuestro mundo en la actualidad.[12]

De modo similar, en su libro *Anti frágil,* Nassim Nicholas Taleb habla del concepto de *antifragilidad* como modo de entender la resiliencia.[13] Al igual que nuestro sistema inmune edifica defensas contra las enfermedades mediante la *presencia* de enfermedad en el cuerpo, los seres humanos necesitamos la presencia de retos para reparar, aprender, adaptarnos y crecer. Sin retos, nuestra antifragilidad (o resiliencia) natural e integrada puede volverse inflexible, frágil e inepta. No estamos ayudando a la salud mental de nuestros hijos cuando intentamos protegerlos de todo lo malo que pueda suceder. Dado que los riesgos y las presiones son partes naturales de la vida, deberíamos ayudar a nuestros hijos a desarrollar su capacidad innata para crecer y aprender de sus experiencias en la vida.

Por fortuna, vivimos en una época en la que es cada vez más común hablar acerca de los problemas de salud mental. Cada vez más personas son conscientes de que es normal que niños y adultos batallen mentalmente, y que todos necesitamos ayuda en algunas ocasiones. Eso ha abierto la conversación y ha convertido algo que con frecuencia ha estado escondido y mal entendido en algo que puede comprenderse y manejarse.

NO ESTAMOS AYUDANDO A LA SALUD MENTAL DE NUESTROS HIJOS CUANDO INTENTAMOS PROTEGERLOS DE TODO LO MALO QUE PUEDA SUCEDER.

Todos los días estamos aprendiendo cada vez más acerca de cómo funcionamos como seres humanos y que, cuando se trata de la conexión entre mente, cerebro y cuerpo, siempre hay esperanza. Independientemente de cuál sea nuestra edad, tenemos una capacidad inmensa para cambiar.

2

■ ■ ■

¿QUÉ SON LOS PENSAMIENTOS?

La buena noticia es que podemos convertir feos árboles de pensamientos en árboles fuertes y sanos solamente usando nuestra mente.

En este capítulo explico qué es un pensamiento en términos sencillos que puedas utilizar para ayudar a tu hijo a entenderlo. La siguiente explicación está redactada para ayudarte a explicar estos conceptos de maneras sencillas y significativas, pero puedes adaptar el lenguaje según las necesidades y el nivel de aprendizaje de tu hijo. Recomiendo leer este capítulo varias veces y tomar algunas notas por ti mismo antes de explicarle a tu hijo qué es un pensamiento.

Cerebrito preguntándose qué son los pensamientos

¿QUÉ SON LOS ÁRBOLES DE PENSAMIENTOS?

PARA TU HIJO

Todo lo que experimentas se convierte en un recuerdo dentro de tu cerebro. Cuando juegas con tus amigos, cuando ves televisión, cuando escuchas a tu maestro; todo eso va a tu cerebro como recuerdos. Estos recuerdos se unen en grandes pensamientos, que se parecen a los árboles. Estos árboles son tus historias especiales; ¡nadie más tiene "árboles de pensamientos" como los tuyos!

Cerebrito pensando

Todos tenemos muchas historias porque siempre suceden muchas cosas cada día. Esto significa que tenemos muchos árboles de pensamientos creciendo en nuestro cerebro, que es como un bosque muy grande. Muchos de ellos son árboles de pensamientos felices,

Un árbol de pensamientos feliz

Un árbol de pensamientos triste

como jugar con tus amigos en la escuela; pero hay algunos árboles de pensamientos tristes, como una vez que te lastimaste con tu bicicleta o una vez cuando alguien te dijo algo feo y te hizo llorar.

RAÍCES, TRONCOS, Y RAMAS

Para ayudar a tu hijo a entender los conceptos en esta sección, podrías ayudarlo a cultivar una planta partiendo de una semilla. Podrías hacerlo en una maceta, en el jardín, o en una maceta de balcón y convertirlo en una experiencia interactiva de salud mental. La explicación siguiente está dirigida a edades de 6 años o más. Para las edades entre 3 y 5 años simplemente utiliza los árboles de pensamientos felices y tristes, y explica que se forman en su cabeza debido a lo que les ha sucedido y que, juntos, harán que los árboles tristes se conviertan en árboles felices.

Cómo crecen los árboles de pensamientos con el tiempo

PARA TU HIJO

Los árboles vienen de semillas plantadas en la tierra. Primero crecen las raíces, después el tronco, y después las ramas. Los "árboles de pensamientos" crecen del mismo modo: primero las raíces, después el tronco, y después las ramas. Las raíces del árbol de pensamientos son los recuerdos detallados de lo que es tu historia, y sostienen el árbol de pensamientos en el cerebro. El tronco es cómo tu mente, tu cerebro y tu cuerpo intentan dar sentido a tu historia. Las ramas del árbol de pensamientos son cómo entiendes tu historia y cómo respondes a la historia. Las ramas con cómo te ven las personas y cómo te ves a ti mismo mediante esa historia.

Todo lo que sentimos, decimos y hacemos proviene de nuestros árboles de pensamientos. Por ejemplo, nuestras emociones (estar tristes o contentos) provienen de nuestros árboles de pensamientos. También provienen de ahí todas las palabras que decimos y las cosas que hacemos, como jugar, dibujar, ver películas, correr, pelear, y muchas otras. De hecho, ¡no podemos hacer, sentir o decir nada sin árboles de pensamientos!

Del mismo modo que un árbol necesita alimento y agua para poder crecer, los árboles de pensamientos en nuestra cabeza también necesitan alimento y agua para crecer. La diferencia es que el agua y el alimento para tus árboles de pensamientos son lo que piensas, lo que sientes y lo que decides: tu mente.

¡Estos árboles son realmente lindos! Te ayudan a sentir, decir, y hacer cosas. Le dicen a tu lengua que se mueva para formar las palabras que salen de tu boca, y le dicen a tu cuerpo que se mueva para hacer cosas como montar en bicicleta. Por ejemplo, cuando aprendes algo nuevo en la escuela, como el abecedario o multiplicar en matemáticas, esa nueva información crecerá en tu cerebro como un árbol de pensamientos a medida que tu maestro te explica cómo hacerlo. Entonces, cuando practicas el abecedario o las operaciones de matemáticas, ¡el árbol se hace más fuerte! A medida que continúas practicando el abecedario o las matemáticas, crecen más raíces y ramas, el árbol se hace cada vez más grande y más fuerte, y se ve hermoso y sano.

Los árboles de pensamientos también crecen en nuestra cabeza cuando ocurre algo malo, como las burlas en la escuela. Eso puede hacer que nos sintamos tristes, y podríamos sentirnos mal con nosotros mismos. Este tipo de árbol de pensamientos no se ve tan lindo, ¡pero la buena noticia es que puedes hacer que esos árboles feos cambien y sean sanos!

Quiero presentarte a "Cerebrito", que te ayudará a aprender cómo cambiar los árboles de pensamientos tristes. Cerebrito es tu amigo, y te ayudará a entender por qué te sientes infeliz o enojado, y también te ayudará a mejorar las cosas. En realidad, voy a contarte un secreto: Cerebrito es un superhéroe que va a enseñante su superpoder especial llamado el Neurociclaje, que te ayudará a encontrar y restaurar esos árboles de pensamientos que te hacen sentir mal.

Cuando haces el Neurociclaje, ¡estás siendo un superhéroe de verdad!

El superhéroe Cerebrito

Las experiencias negativas de los niños siempre estarán con ellos, de modo que es importante aclarar que no podemos "borrar" los malos pensamientos como si nunca hubieran ocurrido. En cambio, mediante el Neurociclaje, les ayudamos a manejar las experiencias y los pensamientos negativos. Nuestra meta es reconceptualizar lo que les sucedió para que así no sientan que sus malas experiencias los definen.

Cerebrito paseando contento por un bosque de árboles de pensamientos

3

■ ■ ■

¿QUÉ SON LAS SEÑALES DE ADVERTENCIA?

Las señales de advertencia son mensajeros que nos dicen que sucede algo en nuestra vida. Siempre hay un "porqué" que está detrás de la conducta de tu hijo, y sus señales de advertencia señalan hacia ese "porqué".

Las señales de advertencia son mensajeros que nos dicen que sucede algo en nuestra vida. Siempre hay un "porqué" que está detrás de la conducta de tu hijo, y sus señales de advertencia señalan hacia ese "porqué". Estas señales están unidas al árbol de pensamientos que está influyendo en su bienestar mental.

Si prestamos atención a estas señales de advertencia, esta consciencia conduce a la mente consciente el árbol de pensamientos al que están asociadas. Al hacer eso, veremos más información acerca de estas señales en las ramas del árbol de pensamientos (ver imagen de abajo). En cuanto eso sucede, el árbol de pensamientos cambia y se debilita, de modo que puedes ayudar a tu hijo a trabajar en manejarlo y cambiarlo.

Cerebrito recogiendo las ramas de señales de advertencia

Hay cuatro ramas de señales de advertencia. Una rama representa las señales de advertencia *emocionales*, o lo que tu hijo está sintiendo, como tristeza, felicidad, enojo, etc. La siguiente rama representa sus señales de advertencia *conductuales*, o lo que está diciendo y haciendo. La siguiente rama representa cómo se siente en su cuerpo, lo cual constituye las *sensaciones corporales* que experimenta. La cuarta rama representa lo que piensa acerca de sí mismo y cómo ve su vida a la luz de lo que le ha sucedido; estas son las señales de advertencia de la *perspectiva*.

Estas cuatro señales de advertencia son mensajeros que te dicen algo sobre la salud mental de tu hijo. Al enseñar a tu hijo a prestar atención a estas señales, le ayudarás a sintonizar con estas cuatro señales y a comenzar el viaje de descubrir a qué están señalando y qué significa eso para su salud mental.

Toma tiempo descifrar estas señales y trabajar en el pensamiento que hay tras ellas, aunque algunas veces puede suceder rápidamente. Otras veces toma un poco más de tiempo, dependiendo de si el problema es un trauma importante, un trauma pequeño, o simplemente un problema del día a día.

A medida que enseñas a tu hijo a desentrañar esas señales, también le enseñarás a comenzar a encontrar la historia de origen que está en las raíces de un árbol de pensamientos en particular. Llegar hasta las raíces le permite comenzar el proceso de reconceptualizar la experiencia de un modo que funcione para él o ella en lugar de obrar en su contra. Esto significa que seguirá teniendo ese árbol de pensamientos como parte de su historia (o parte de su bosque de árboles de pensamientos), pero lo verá de un modo que sea más manejable para él. La clave aquí está en enseñar a tu hijo a manejar las partes difíciles de la vida para que no se vea abrumado por completo o desalentado por los retos que enfrenta.

Todo esto puede parecer complicado, pero se hace cada vez más fácil con la práctica y es increíblemente capacitador. Por ejemplo, las nuevas señales que provienen del pensamiento reconceptualizado pueden ser "sentimientos de calma" en lugar de ser "sentimientos de preocupación" a medida que tu hijo comienza a entender de dónde provenía la ansiedad que sentía y qué hacer al respecto. Mediante este proceso, no sólo entenderá mejor por qué se siente de ese modo, tanto mentalmente como físicamente, sino que también obtendrá más percepción en cuanto a sus conductas y perspectivas.

BUSCANDO LAS CUATRO SEÑALES DE ADVERTENCIA

El proceso de explorar las señales de advertencia es una parte intrínseca de Neurociclaje, como hablaremos en la parte 2 de este libro. Enseñará a tu hijo que el modo en que se ve a sí mismo y al mundo se ve afectado por las experiencias que ha atravesado, y que puede cambiar su perspectiva mediante su modo de pensar; es decir, no está indefenso y desvalido. Será empoderado para reconocer cuando esté en un estado de angustia mental, y tendrá un sistema en su lugar para manejar esa angustia.

No puedo exagerar cuánto necesita un niño sentirse emocionalmente seguro y validado cuando está procesando sus reacciones a la vida. Por eso el Neurociclaje es una herramienta de manejo de la mente tan poderosa. No está diseñado simplemente para cambiar una conducta por otra; más bien es una técnica basada en la ciencia para ayudarlos a ti y a tu hijo a entender por qué tu hijo se comporta de un modo en particular, como se ve mediante las cuatro señales, y cómo manejarlo. Por lo tanto, va más allá de la mera consciencia. El Neurociclaje le da a tu hijo las herramientas mentales para encontrar el porqué que está detrás de lo que está demostrando, y cómo cambiarlo.

Si tu hijo está batallando con su salud mental, el Neurociclaje le enseña que eso está sucediendo no debido a *quién es él*, sino debido a *algo que ha atravesado*. En lugar de sentirse confuso o abrumado por sus emociones, conductas, sensaciones corporales o perspectivas, será alentado a aceptar esas señales y utilizarlas para cambiar su mente. ¡Verá el mensaje en medio del caos de la vida!

EL NEUROCICLAJE LE DA A TU HIJO LAS HERRAMIENTAS MENTALES PARA ENCONTRAR EL PORQUÉ QUE ESTÁ DETRÁS DE LO QUE ESTÁ DEMOSTRANDO, Y CÓMO CAMBIARLO.

PARA TU HIJO

¡Tengo buenas noticias para ti! Si no te gusta lo que estás sintiendo, haciendo y diciendo o cómo se siente tu cuerpo, puedes utilizar tu superpoder, el Neurociclaje, para encontrar el árbol de pensamientos que te está haciendo infeliz y conseguir que sea mejor y más sano, ¡lo cual te hará sentirte más feliz!

El primer paso para lograr que funcione este superpoder del Neurociclaje y encontrar esos pensamientos infelices es buscar algo que se llama tus señales de advertencia, que son las ramas que hay en un árbol de pensamientos. Primero, mira el dibujo del árbol de pensamientos. Las siguientes son las señales de advertencia que necesitas encontrar: cómo te sientes, lo que estás diciendo y haciendo, lo que sientes en tu cuerpo, y cómo te sientes acerca de la vida en este momento. Las señales de advertencia te están diciendo que algo anda mal. Es como si estuvieran sacudiendo las hojas para captar tu atención, y cuando les prestas atención, inclinan hacia adelante el árbol de pensamientos al que están unidas.

A continuación, tenemos un resumen de estas cuatro señales de advertencia y ejemplos de cómo puedes explicar esas señales a niños de diferentes edades.

TABLA 1
LAS CUATRO SEÑALES DE ADVERTENCIA

Señal	Preguntas al hacer el Neurociclaje	Ejemplos	
Emociones	**Edades 3-5**: ¿Estás triste, enojado, etc.? **Edades 6-10**: ¿Qué estás sintiendo?	• Tristeza • Enojo • Frustración • Irritación • Culpa	• Vergüenza • Ansiedad • Depresión • Temor • Confusión
Conductas	**Edades 3-5 (acciones, conductas, palabras):** Veo que estás haciendo X; ¿por qué haces eso? ¿Estás haciendo X debido a Y? **Edades 6-10:** ¿Qué estás haciendo? ¿Qué estás diciendo? ¿Cómo lo estás diciendo?	• Hablar muy rápido o lento • No hablar mucho • Usar muchas palabras emocionales • Hacer berrinches • Mojar la cama • Pelearse con hermanos/amigos • Estar aletargado • Gritar • Lanzar cosas • Llorar • Gritar y usar palabras de enojo • No querer jugar	

Señal	Preguntas al hacer el Neurociclaje	Ejemplos
Sensaciones corporales	**Edades 3-5:** ¿Qué es doloroso/ "incómodo" en tu cuerpo cuando sientes X? **Edades 6-10:** ¿Qué estás sintiendo en tu cuerpo? ¿Cómo se siente tu cuerpo cuando estás triste, enojado, o feliz (como dolor de estómago cuando te preocupa que tu amigo no juegue contigo)?	• Dolor de estómago • Dolor de cabeza • Lengua pegada al paladar • Tensión en hombros y cuello • Escalofríos
Perspectivas*	**Edades 3-5:** ¿Ves que las personas usan lentes para ver? Bien, a veces tus pensamientos son como un par de lentes, y te hacen ver el mundo de modo distinto, como si llevaras distintos lentes de colores. ¿Hacen que el mundo sea más oscuro o más brillante? ¿Parecen las cosas aterradoras o no aterradoras? **Edades 6-10:** ¿Cómo te hace ver el mundo lo que estás pensando? ¿Cómo te hace ver tu día lo que sucedió? ¿Te hace sentir eso más o menos feliz? ¿Más o menos confuso? ¿Qué piensas acerca del mundo? ¿Qué piensas acerca de tu vida?	• Asustado • Confuso • Híper vigilante • Hipo vigilante • Irritado • Enojado • Deprimido

* Nota para los padres: puede ser difícil explicar la perspectiva a tu hijo, ya que a menudo se relaciona con cómo se siente emocionalmente. Es una actitud, una mentalidad, un modo de ver algo, o un modo de ver el mundo y la vida durante un periodo de tiempo específico (sean unos minutos, horas, días, o incluso meses). Al reconocer que tu hijo tiene su propia perspectiva, lo estás reconociendo como un ser único con su propia opinión sobre cómo ve el mundo basado en lo que ha experimentado.

PARA TU HIJO

LAS CUATRO SEÑALES DE ADVERTENCIA

Señal de advertencia	
Emociones	
Conductas	
Sensaciones corporales	

Señal de advertencia	
Perspectivas	

LA DIFERENCIA ENTRE ÁRBOLES DE PENSAMIENTOS SANOS Y POCO SANOS

Abajo tenemos un modo de poder explicar a tu hijo la diferencia entre un árbol de pensamientos sano y un árbol de pensamientos poco sano. Puedes adaptar el lenguaje basándote en su nivel de comprensión.

PARA TU HIJO

¿Cómo imaginas en tu mente un árbol de pensamientos? Si es una historia triste o infeliz, es un árbol desordenado. Incluso puede tener espinos, de modo que cuando recuerdas el pensamiento con todos los recuerdos, hace que tu mente y tu cuerpo duelan del mismo modo que te lastima un espino cuando lo tocas.

Por otro lado, si es una historia feliz, es un hermoso árbol verde. Estar con personas a las que amas, hacer cosas que te gusta hacer, y jugar con tus juguetes son todos ellos ejemplos de experiencias que pueden hacer crecer hermosos árboles verdes en tu cabeza y hacer que te sientas bien. Tu mente habla a tu cuerpo sobre los árboles de pensamientos felices o emocionantes, y eso puede hacer que te sientas muy bien y quieras dar saltos de alegría o reír.

Sin embargo, cuando las personas no se portan bien contigo, cuando tienes pesadillas que te asustan, o te suceden cosas malas, eso hace que crezca un árbol desordenado que tendrá ramas desordenadas (señales de advertencia). ¿Sabes cómo algunas veces te duele el estómago cuando alguien se burla de ti en la escuela o cuando te dan miedo tus tareas escolares? Pues bien, eso se debe a que sucedió algo que causó que creciera en tu cabeza un árbol desordenado. Entonces, puede que te duela el estómago porque tu mente habla a tu cerebro y a cada parte de tu cuerpo acerca del árbol de pensamientos desordenado, y eso entristece al cuerpo; el cuerpo te dice eso por medio del dolor que sientes. Eso no es culpa tuya, porque el árbol creció debido a algo que te sucedió, pero puede hacerte sentir asustado o infeliz.

Mientras más grande sea la historia y más tiempo haya estado sucediendo, más grande será el árbol de pensamientos. Por ejemplo, si otros niños se han burlado de ti por mucho tiempo, el árbol podría ser bastante grande y afectarte de un modo desagradable; ¡pero puedes cambiar esos árboles infelices! Tú eres muy especial porque puedes ordenar los árboles desordenados y hacerlos mejores si no te gustan. Tú eres quien decide cómo se verá tu propio bosque de pensamientos en tu cabeza. Si los árboles de pensamientos te hacen sentir asustado, enojado, inferir o lastimado, puedes reparar y componer los árboles. Si es un árbol de pensamientos realmente malo, puedes cavar hasta las raíces y mejorarlas para que crezcan y se conviertan en un nuevo y hermoso árbol de pensamientos verde para hacerte sentir mejor.

Incluso puedes desarrollar más ramas en el hermoso árbol de pensamientos que te hagan feliz. Esos árboles pueden hacer que tu cerebro y tu cuerpo estén realmente sanos, y te sentirás mucho más fuerte mientras más los riegues con tu mente. Puedes aprender a hacer todo eso utilizando el asombroso superpoder de Cerebrito: el Neurociclaje.

Cerebrito mirando un árbol de pensamientos desordenado y poco sano, y un árbol de pensamientos sano y verde

4

EL SUPERPODER DEL SUPERHÉROE CEREBRITO: EL NEUROCICLAJE

El Neurociclaje es un proceso sistemático y deliberado pensado para ayudarnos a dirigir la neuro plasticidad del cerebro. Esencialmente nos enseña a manejar una mente y un cerebro desordenados y, al hacerlo, a manejar nuestra salud mental.

PRESENTANDO EL SUPERPODER: EL NEUROCICLAJE

El Neurociclaje es un proceso sistemático y deliberado pensado para ayudarnos a dirigir la neuro plasticidad del cerebro. Esencialmente nos enseña a manejar una mente y un cerebro desordenados y, al hacerlo, a manejar nuestra salud mental. El Neurociclaje puede utilizarse para manejar las luchas y traumas diarios de la vida al igual que para desarrollar nuevos hábitos en el cerebro.

El sistema de Neurociclaje se basa en más de treinta años de investigación y de aplicaciones clínicas de la conexión entre mente, cerebro y cuerpo, la ciencia del pensamiento (cómo se forman los pensamientos, qué son los pensamientos, y cómo dirigen el modo en que operamos), y cómo podemos influenciar en todo esto. Para saber más sobre la ciencia del Neurociclaje, consulta mi libro *Limpia tu enredo mental*.

Antes de examinar los 5 Pasos del Neurociclaje, es importante que prepares tu mente, tu cerebro y tu cuerpo para los cambios neuroplásticos que el Neurociclaje activa.

PREPARACIÓN DEL CEREBRO

Los ejercicios de preparación del cerebro son actividades que ayudan a estabilizar las ondas neuroquímicas y electromagnéticas en el cerebro y el cuerpo. Estos ejercicios de tipo descompresión son importantes, porque cuando experimentamos estrés tóxico, la conexión entre mente, cerebro y cuerpo se vuelve caótica rápidamente, lo cual hace que sea difícil pensar o actuar con claridad. Cuando calmamos la mente, el cerebro y el cuerpo, podemos comenzar a llegar hasta la raíz de lo que nos está afectando.

Cerebrito haciendo ejercicios de respiración

Veamos ahora los 5 pasos.

LOS 5 PASOS

El poder del Neurociclaje radica en su simplicidad. Es un proceso de cinco pasos que, cuando se usa correctamente, hace cambios profundos en el modo en que trabajan la mente y el cerebro.

Los 5 pasos son los siguientes:

1. **Recolectar**: sé consciente de las señales de advertencia relacionadas con un árbol de pensamientos; es decir, lo que estás sintiendo emocionalmente y físicamente, cómo te comportas, y tu perspectiva.
2. **Reflexionar**: reflexiona en *por qué* sientes lo que sientes.
3. **Escribir/jugar/dibujar**: organiza tus pensamientos y reflexiones para obtener perspectiva. Para tu hijo, este paso se verá diferente dependiendo de su edad. Las opciones de jugar y dibujar se han añadido para niños pequeños.
4. **Reconfirmar**: busca patrones en tu vida, tus relaciones, tus respuestas, tus actitudes, etc.
5. **Acercamiento Activo:** pasa a la acción para reforzar el patrón de pensamiento nuevo y reconceptualizado que quieres en tu vida (que sustituye al viejo ciclo tóxico).

Esencialmente, los tres primeros pasos del Neurociclaje (**Recolectar, Reflexionar** y **Escribir/jugar/dibujar**) llevan sistemáticamente el pensamiento a la mente consciente, la cual debilita el poder que ha tenido el pensamiento sobre tu hijo. Entonces, el paso de **Reconfirmar** debilita todavía más ese control mediante la evaluación, la cual conduce a la aceptación del problema (*Sucedió esto, y no puedo cambiar eso*) y el impacto que tiene en su vida, seguido por el aspecto de rediseñar (*Esto es lo que puedo hacer al respecto*). El **Acercamiento Activo** ayuda a implementar este pensamiento recientemente rediseñado/reconceptualizado mediante la práctica, y evita que tu hijo regrese y se quede atascado en el viejo pensamiento mediante pensar demasiado. Todo esto crea colectivamente la resiliencia mental de tu hijo.

ANALOGÍAS PARA TU HIJO

Este es un modo sencillo de presentar a tu hijo el tema de la preparación del cerebro y conversar con él al respecto. Puedes consultarlo con frecuencia.

PARA TU HIJO

Algunas veces, nuestros árboles de pensamientos y sus ramas pueden parecer fuera de control, igual que una gran tormenta en un bosque hace que todo se mueva e incluso el viento rompe algunas ramas o causa que se incendien árboles debido a un rayo. Es normal que las cosas parezcan descontroladas a veces, especialmente cuando nos sucede algo triste u horrible.

Los ejercicios de preparación del cerebro son como construir un refugio o sostener un paraguas en tu bosque de pensamientos; te mantendrán a salvo de la tormenta.

Por fortuna, hay maneras en las que puedes evitar que la tormenta en tu cabeza te lastime. Puedes construir un refugio en tu bosque de pensamientos o utilizar un paraguas para mantener tu mente a salvo de la tormenta. Eso es lo que logran los ejercicios de respiración u otras actividades calmantes cuando sientes angustia; son como un refugio o un paraguas para mantenerte a salvo de la "tormenta de emociones y otras señales de advertencia". No puedes quedarte para siempre en ese refugio o bajo ese paraguas, pero estos ejercicios te darán la oportunidad de esperar a que se calme la tormenta para que así puedas comenzar a trabajar en hacer que los árboles estén sanos.

A continuación, tenemos un modo sencillo de presentar a tu hijo el Neurociclaje y conversar con él al respecto. Puedes consultarlo con frecuencia.

PARA TU HIJO

Todos tenemos árboles de pensamientos poco sanos en nuestra mente, como este:

Un árbol de pensamientos poco sano

Sin embargo, podemos usar el superpoder de Cerebrito: el Neurociclaje.

El superpoder de Cerebrito: el Neurociclaje

Cuando lo hacemos, podemos desarrollar árboles de pensamientos sanos que se parecen a este:

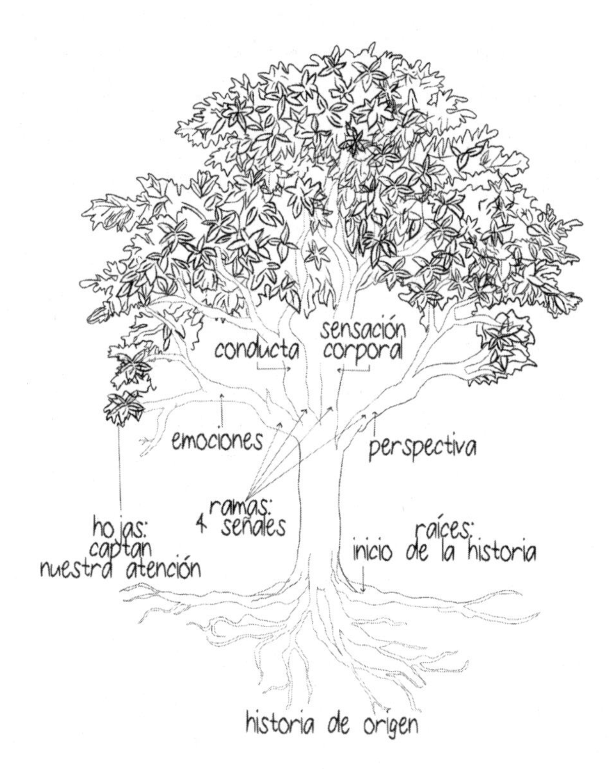

Las partes del árbol de pensamientos

¿Recuerdas el árbol de pensamientos del que hablé antes? Las **raíces** del árbol son los recuerdos de la experiencia original: la historia de lo que te sucedió.

El **tronco** da significado a las raíces a medida que transforma las raíces en ramas. El tronco determina qué clase de ramas crecen desde las raíces. Si las raíces están enfermas y enredadas, las ramas estarán enfermas y enredadas también.

Las **ramas** del árbol de pensamientos te dan información sobre cómo ves y comprendes lo que te sucedió y/o cómo te ves a ti mismo. Son las cuatro señales de advertencia. Algunas veces, estos árboles no están sanos y nos ponen tristes; por lo tanto, usamos tu superpoder del Neurociclaje para mejorar ese árbol de pensamientos poco sano.

Así es como lo hacemos: primero, tienes que **Recolectar** y estar atento a cómo te sientes observando tus señales de advertencia (las ramas del árbol de pensamientos) más profundamente. Es parecido a observar y describir los "síntomas" del árbol de pensamientos. Por ejemplo:

- "Me siento preocupado y frustrado" (señal de advertencia emocional)
- "Quiero llorar y no hablar con nadie" (señal de advertencia conductual)
- "Me duele el estómago" (señal de advertencia de sensación corporal)
- "Odio la escuela" (señal de advertencia de perspectiva)

Los pasos de **Reflexionar** y **Escribir/jugar/dibujar** te ayudarán a entender la historia a la que están señalando los síntomas. Puedes hacerte preguntas como éstas:

- *¿Por qué me siento preocupado y frustrado?*

- *¿Por qué quiero llorar y no hablar con nadie?*
- *¿Por qué me duele el estómago?*
- *¿Por qué odio la escuela?*

El paso de **Reconfirmar** te ayudará a descubrir cómo reparar y componer ese árbol poco sano y sus raíces enredadas; ¡es la reparación que necesita tu árbol para ser fuerte! En este paso usarás tu superpoder del Neurociclaje para explorar tus sentimientos y pensamientos, e intentar encontrar el modo de mejorar lo que te sucedió. Por ejemplo, puede que estés triste o frustrado porque seguiste arruinando tu trabajo y lloraste, tus amigos se rieron de ti, y tu maestro te gritó. Sabes que está bien estar triste, y eso no evitará que hagas tu tarea otra vez porque sabes que tu mamá te ayudará a entenderlo en la casa para así poder hacerlo mejor la próxima vez. Sabes que, cuando mañana entregues tu tarea a tu maestro y muestres a tus amigos lo que aprendiste, les enseñarás que puedes hacer la tarea y que está bien llorar algunas veces si algo es difícil. Sabes que tú no eres estúpido, porque está bien cometer errores; ¡así es como aprenderás!

Tu **Acercamiento Activo** es como tomar "medicina" cada día para ayudar al árbol de pensamientos a ponerse bien. Por ejemplo, has decidido decirte a ti mismo siete veces hoy: *No soy estúpido, estoy aprendiendo.*

5

■ ■ ■

PAUTAS ÚTILES

Lo que es clave recordar a medida que trabajas en el Neurociclaje con tu hijo es la *flexibilidad*, especialmente con tus hijos más pequeños. Intenta no ser demasiado reglamentado, e intenta ser paciente contigo mismo y con tu hijo. Recuerda que todo este sistema está diseñado y estructurado para ayudar a reducir el estrés, no para aumentar el estrés.

LA TABLA DEL DESARROLLO

La tabla siguiente nos da un resumen sencillo de las etapas del desarrollo para el rango de edades que cubrimos en este libro. Verás el grupo de edad a la izquierda, y a la derecha está una descripción básica de cómo los niños piensan, sienten y deciden en esa edad en particular, al igual que habilidades sociales y de lenguaje típicas; lo cual, sin duda, depende del niño en cuestión. También explico de modo general cómo utilizar el Neurociclaje en cada etapa.

ETAPAS Y DETALLES DEL DESARROLLO

Edades	Descripción del desarrollo
3-4[1]	**Mente (pensamiento, sentimiento, decisión)** Los niños entre 3 y 4 años generalmente reconocen que su mente, su cuerpo y sus emociones les pertenecen. Están comenzando a comprender la diferencia entre emociones básicas como tristeza, felicidad, temor, enojo, y otras. Su mente inconsciente se está desarrollando a un ritmo más rápido que su mente consciente, razón por la cual entienden más de lo que realmente pueden expresar.[2] **Interacción social** Están comenzando a entender el concepto de "mío y tuyo", comparten más, y se vuelven más imaginativos. Los amigos imaginarios son comunes en esta edad; tu hijo puede saber la diferencia entre fantasía y realidad, pero a menudo utiliza la fantasía para entender la realidad, y por eso la mente inconsciente se desarrolla con tanta rapidez. Se está volviendo más independiente, por lo general es muy activo, y responde bien a la representación y a las demostraciones en estilo de juego. Puede desarrollar temor a cosas imaginarias, interesarse más por cómo actúan los otros, y mostrar afecto por personas familiares, de modo que este tipo de cosas son las que moldean sus actitudes. Se puede mostrar a los niños ideas de empatía utilizando la imaginación, el juego, o ejemplos de la vida real. **Lenguaje** Son cada vez más curiosos acerca de todo, incluido su cuerpo, y el desarrollo de su lenguaje es prolífico. Por lo general, construirán frases de tres a seis palabras. Entienden muchas de las cosas que tú dices y, aunque es muy frágil, a menudo tienen una buena perspectiva de su propio valor y autoestima. **Con este grupo de edad, utiliza:** *Demostración, representación, y objetos físicos.* Sugiero tener cuatro cajas de zapatos y forrarlas de manera hermosa; deja que tu hijo te ayude a hacerlo. Después, recorta fotografías de revistas, libros de colorear, y otras cosas similares que representen las cuatro señales de advertencia: emociones, conductas, sensaciones corporales, y perspectivas. Es importante tener imágenes de las caras de tus hijos pequeños y también de los niños más mayores y los adultos. Tu hijo y tú también pueden dibujar o utilizar objetos y juguetes. Esta preparación puede hacerse como una actividad con tu hijo. Los niños de edades tan jóvenes como 2 a 4 años tienen una comprensión con bastante perspectiva de muchos conceptos emocionales, mucho más de lo que nosotros solíamos entender; sin embargo, todavía no tienen las señales lingüísticas para describir y explicar plenamente lo que sienten. Es ahí donde nosotros entramos como adultos y proporcionamos palabras y modos de expresarse a sí mismos utilizando movimiento, representación, juguetes, imágenes, música, libros de cuentos, etc.

Edades	Descripción del desarrollo
5-6[3]	**Mente (pensamiento, sentimiento, decisión)** Esta es la edad en la que la mayoría de los niños comienzan la escuela, de modo que sus habilidades intelectuales, sus habilidades sociales y el juego comienzan a volverse más complejos e involucran a otras personas y personalidades. Durante sus juegos puede que comiencen a expresar ideas y emociones más complejas, ya que su mente está entendiendo el mundo que les rodea a un nivel más profundo. Podrías observar menos berrinches a medida que desarrollan mejores maneras de entender e incluso manejar sus emociones. También es más probable que entiendan las señales sociales y comprendan que los berrinches constantes puede que no siempre sean beneficiosos para ellos. También podrías descubrir que tu hijo tiene más paciencia y es más capaz de utilizar su razonamiento. También es más capaz de entender emociones básicas, y probablemente las expresará de un modo más claro. **Interacción social** Durante las edades de 5 y 6 años la familia sigue siendo el punto comunal más importante para el niño, pero comenzará a desarrollar más independencia y hacer amistades fuera de la unidad familiar. Además, buscan y añaden activamente a su círculo de relaciones, que es cuando son verdaderamente capaces de expresar habilidades de empatía (aunque las ideas de empatía pueden demostrarse a niños tan pequeños como de 2 años). Los niños en estas edades desarrollan patrones de juego más complejos y tienen interacciones más complejas con sus iguales. Puede que creen ellos solos más tramas o que lo hagan juntos en su juego, o que también intenten trabajar juntos en una tarea. Además, puede que descubras que tus propias interacciones con ellos cambian a medida que son más capaces de entender sus emociones y las conversaciones que compartes con ellos. **Lenguaje** Lo más probable es que comiencen a conversar mucho más y expresar más ideas utilizando el lenguaje. Probablemente hablarán mucho consigo mismos, y sus conversaciones serán más complejas a medida que escuchan y observan a muchos de los adultos que les rodean. **Con este grupo de edad, utiliza:** *Juego, juguetes y arte.* Eso ayudará a tu hijo entender emociones más complejas. Pueden practicar utilizando esos objetos o el juego para expresar sentimientos más complejos durante las diferentes etapas del Neurociclaje. Puedes hacer que tu hijo dibuje o interactúe con los 5 Pasos y participe en conversaciones más complejas acerca del significado de las emociones y los pensamientos. Incluso puedes incorporar diferentes tipos de arte y manualidades, como piezas de LEGO u otros juguetes infantiles más complejos, a la vez que los acompañas en el Neurociclaje. Puede que ellos quieran incluso dirigir este proceso más de una vez cuando le agarran el ritmo.

Edades	Descripción del desarrollo
7-8[4]	**Mente (pensamiento, sentimiento, decisión)** Los niños entre 7 y 8 años tienden a mostrar más independencia y comienzan a pensar acerca del futuro y el lugar que ocupan en el mundo. Es más probable que comiencen a entender cómo se ven a sí mismos y el mundo que les rodea; su sistema de creencias único es más claro, aunque estará basado fuertemente en lo que creen sus padres o sus amigos más cercanos. Tienen más probabilidad de poder distinguir entre fantasía y realidad, lo cual significa que también tienen más probabilidad de entender lógica, emoción, y razón. También tienden a ser muy conscientes de la necesidad de encontrar una solución a cierta emoción o problema que estén enfrentando. **Interacción social** Ser aceptados por los amigos es muy importante a esta edad. Los niños por lo general quieren comenzar a tomar responsabilidad de tareas pequeñas y conversar más acerca de la escuela, sus amigos, películas, juegos, libros, etc. También tienen más probabilidad de entender y deducir que las acciones van unidas a emociones, y que las personas a menudo se comunican mediante las emociones. Éste es un periodo estupendo para reforzar la empatía y enseñar a tu hijo que hay significados más profundos detrás de nuestras muestras físicas de emociones. Los niños a esta edad por lo general son más capaces de entender que otras personas ven y experimentan el mundo de modo diferente, y pueden utilizar eso para interactuar con otra persona a un nivel más profundo o interpretar cómo se comunica o actúa la persona. **Lenguaje** Tienen una mejor comprensión del lenguaje y, por lo tanto, son más capaces de expresarse y conversar sobre sus pensamientos y sentimientos. También son cada vez más conscientes de los sentimientos de otras personas y pueden comunicar más eso. Además, por lo general han desarrollado habilidades de lectura y comprensión, de modo que exponerlos a muchos libros (escritos para este grupo de edad) que estén relacionados con las emociones es muy útil y les enseñará cómo buscar conexiones en el mundo que les rodea. **Con este grupo de edad, utiliza:** *La interacción social.* Por lo general, a esta edad quieren que tú te involucres. Responden muy bien al Neurociclaje porque apela a su curiosidad cada vez mayor acerca del mundo que les rodea y también a su lógica en desarrollo. Pueden ayudarte a recortar fotografías que muestren las cuatro señales de advertencia, y pueden ayudarte a redactar ejemplos de cada una de ellas en pequeñas tiras de papel para ponerlas en cada caja de señales de advertencia. Serán capaces de escribir mucho más que los niños de 5 y 6 años de edad, de modo que trabaja con ellos tanto como sea posible. También puedes descubrir que los temas de conversación pueden incluir emociones más serias o cosas a las que tu hijo está expuesto. A esta edad, los niños son capaces de entender cosas como violencia, daño, presión de los iguales, y sexualidad. Puede que tengan muchas preguntas, y es importante que seas abierto y sincero con tu hijo; se puede conversar de todos esos temas sin dar detalles explícitos. Esta es también una buena edad para introducir símbolos o metáforas con tu hijo a medida que trabajan o conversan acerca de diferentes emociones o acciones.

Edades	Descripción del desarrollo
9-10[5]	**Mente (pensamiento, sentimiento, decisión)** Por lo general, es ahora cuando tu hijo está entrando en la etapa de la preadolescencia. Cierto número de niños pueden experimentar la pubertad a esta edad, lo cual cambiará de modo drástico el modo en que sienten y experimentan el mundo. Además, ya sea que alcancen la pubertad o no, a esta edad tu hijo experimentará emociones mucho más complejas. Cuestionará más las normas a medida que vaya entendiendo más, lo cual no siempre es algo malo; está utilizando su habilidad para pensar profundamente para ver y examinar inconsistencias y cosas que puede que no siempre tengan sentido para él. A esta edad, muchos niños son más conscientes de su cuerpo y están más familiarizados con cómo se ve y se siente, y comenzarán a formar una "imagen corporal" y una sensación de su lugar percibido en el mundo. Durante esta etapa, es increíblemente importante que ayudes a tu hijo a formar una imagen corporal más positiva mediante el aliento y la aceptación de todos los tipos de cuerpo. **Interacción social** La presión de grupo comienza a impactar en los niños en esta etapa de la vida a medida que miran a su mundo social para determinar cómo quieren actuar, hablar, pensar, etc. Sus amistades serán más complejas, y establecerán vínculos a un nivel emocional mucho más profundo con personas con las que hacen amistad. Al hacer eso, desarrollarán sus habilidades de empatía y profundizarán más en lo que significa interactuar con otras personas y entender que las experiencias de otros son diferentes de las propias. Éste es un momento estupendo para enseñar a tu hijo a intentar entender de dónde provienen otras personas. **Lenguaje** Por lo general, son más capaces de mantener conversaciones más largas y más complejas, y entenderán más cosas incluso si no siempre utilizan un vocabulario sofisticado para expresar lo que saben. Tienden a entender más simbolismo en el lenguaje y son más capaces de entender sistemas de creencias y cosmovisiones. Puede que también sean capaces de mantener conversaciones más largas acerca de la justicia, las normas de la sociedad, y otros temas más complejos. **Con este grupo de edad, utiliza:** *Técnicas que fomenten la autonomía y el empoderamiento.* Tras algunas rondas del Neurociclaje, tu hijo puede desarrollar una sensación de cómo liderar el proceso mientras tú facilitas. Sin embargo, sí quiero hacer hincapié en la importancia de honrar la privacidad de tu hijo en este momento en su vida. Puede que haya cosas que quiera escribir y trabajar en ellas sin que tú le observes o le ayudes, y eso está bien. Crear un entorno abierto en el que tu hijo pueda expresar puntos de vista contrarios participando en la conversación permitirá también a tu hijo ser más abierto contigo.

Edades	Descripción del desarrollo
	Intenta establecer una "zona sin crítica" cuando les ayudas a trabajar en los pasos del Neurociclaje o cuando ellos los realizan solos. En esta zona, tu hijo puede decir o escribir casi cualquier cosa a medida que trabaja en sus emociones y su comprensión de la vida. Esto le ayudará a desarrollar su sensación de autonomía permitiéndole sentir sus emociones, seguido por analizarlas y examinarlas, y después enfocarse en modos conscientes de averiguar cómo avanzar. Puede que descubras que aprenderás mucho al participar en este tipo de conversaciones con tu hijo. Es también un modo estupendo de crear un espacio para normalizar emociones que parecen "locas".
	Durante este proceso, intenta usar actividades que se enfoquen en los intereses de tu hijo. Puede que tenga intereses muy concretos en esta edad, como por ejemplo deportes, películas, libros, pasatiempos, etc. Es también la edad en la que comienzan a producirse sentimientos más concretos de ansiedad o depresión. Comenzarás a ver emociones mucho más "maduras" en tu hijo. Abordarlas al alentar a tu hijo a explorar sus emociones y sus soluciones es importante a la hora de ayudarlo a crear hábitos de autorregulación para toda la vida.

LAS TRES CLAVES DE LA COMUNICACIÓN DEL NEUROCICLAJE

Trabajar en el Neurociclaje con tu hijo es una oportunidad estupenda no sólo para ayudarlo a desarrollar sus habilidades de manejo de la mente y aprender cómo mejorar su salud mental, sino también para conectar con tu hijo a nivel más profundo, lo cual es una de las cosas más importantes que puedes hacer.

El sistema de Neurociclaje, por su naturaleza, se apoya en tres tipos específicos de interacción que fomentan confianza entre padres e hijos, estableciendo el fundamento para una relación hermosa y duradera. Yo denomino a estos tipos generales de interacción las tres claves de la comunicación del Neurociclaje.

- **Clave 1: Date permiso a ti mismo para responder a las luchas de tu hijo sin criticar cómo es como persona.** Esta es una buena manera de lograr que tu hijo se sienta escuchado y subrayar su valor como un ser humano único. Por ejemplo, podría parecer que tu hijo tiene una mala actitud hacia ti, pero en realidad simplemente está irritado por algo concreto. Por lo tanto, en lugar de reaccionar y decir: "¡Tienes una actitud muy mala!", puedes describir lo que ves. "Veo que estás irritado. ¿Hay algún motivo?". Tu hijo se sentirá escuchado cuando respondas de este modo en lugar de criticar y no tomarlo en serio. Además, como se siente escuchado, te escuchará y se relacionará contigo a un nivel más profundo. Esto sucede a lo largo del Neurociclaje, en particular en el paso de Recolectar.

- **Clave 2: Muestra un interés acerca de lo que tu hijo quiere y necesita.** En medio del ajetreo de la vida es fácil acercarte a tu hijo con demandas e instrucciones, diciéndole lo que tiene que hacer. Desde luego, hay cosas que sí necesitan "hacerse" en la vida, de modo que no estoy diciendo que este deseo sea erróneo; sin embargo, tienes que asegurarte de preguntar a tu hijo también lo que quiere y necesita. Esto validará lo que tu hijo necesita y le mostrará lo mucho que lo valoras.
- **Clave 3: Alienta a tu hijo a dar su perspectiva y su punto de vista sin hacerle callar.** Estás escuchando con el propósito de entender lo que él piensa. Esto establece el fundamento para una relación de colaboración y facilitación que edifica y fortalece el racionamiento de tu hijo y sus habilidades de pensamiento profundo e intuitivo al igual que la empatía.

6

■ ■ ■

EL PODER DE LA AUTORREGULACIÓN

La autorregulación es la habilidad más poderosa que podemos enseñar a nuestros hijos porque es un modo infalible de crear resiliencia sostenible para toda la vida.

Realizar los 5 pasos del Neurociclaje desarrolla nuestra autorregulación, que es una habilidad fundamental que nos ayuda a mantener y mejorar nuestra salud mental. La autorregulación es manejar cómo utilizamos nuestra mente. Como mencionamos en el capítulo 1, nuestra mente es cómo pensamos, sentimos y decidimos, y la autorregulación es cómo *manejamos* esa acción de pensar, sentir y decidir. Lo hacemos al examinar y analizar las cuatro señales de advertencia de las que hablamos en el capítulo 3.

La imagen siguiente es de Cerebrito sintiéndose realmente mal al mirar sus cuatro señales de advertencia y preguntar: *¿Cómo me siento?*

¿Qué estoy haciendo y diciendo? ¿Cómo se siente mi cuerpo? ¿Cuál es mi actitud? ¿Por qué me estoy comportando de este modo?

Cerebrito preguntándose: "¿Por qué me estoy comportando de este modo?".

Podemos aprender a autorregular nuestra acción de pensar, sentir y decidir mientras estamos despiertos. Eso no es obsesión por uno mismo o simplemente hacer un inventario de nuestros sentimientos. Más bien, la autorregulación es una decisión deliberada e intencional de dar un paso atrás y observar el modo en que estamos presentes, y hacer los ajustes necesarios. No es solamente atención consciente; es atención consciente *y también* ir más allá de eso para hacer algo con aquello de lo que somos conscientes ahora. Esto puede ocurrir ya sea en el momento o con el tiempo, para ayudarnos a lidiar con patrones establecidos que se han convertido en hábitos perturbadores.

El Neurociclaje ayudará a tu hijo a desarrollar habilidades de autorregulación. Este proceso del manejo de la mente le da una herramienta para lidiar con sus árboles de pensamientos. Está pensado para ayudarlo a enfrentar sus luchas y lidiar con ellas.

De hecho, la autorregulación organizada del Neurociclaje cultiva y activa la resiliencia natural que tenemos como humanos, ayudando a que se fortalezca con el tiempo. La resiliencia es un proceso, y está vinculada a la flexibilidad, por lo que yo la denomino "mentalidad de posibilidades". Se caracteriza por sentimientos como los siguientes: *Haré lo que debo hacer para terminar esto. Atravesaré esta situación. Esto sucedió; ahora ¿qué puedo hacer al respecto?* Esta clase de mentalidad ayudará a tu hijo a adaptarse a futuras crisis, retos y arrebatos emocionales. Es intrínsecamente esperanzadora y empoderadora.

Esto es importante, porque a menudo podemos quedarnos atascados en nuestros pensamientos cuando creemos que algo debe ser o resultar de cierto modo. Una mentalidad de posibilidades esencialmente reconoce que siempre hay más de un modo de enfrentar las cosas. No tenemos que quedarnos atascados cuando algo no sale de cierto modo o no resulta como planeamos. Hay múltiples posibilidades entre las que podemos escoger a medida que avanzamos en la vida y nos enfocamos en nuestras metas. Permitir diferentes posibilidades evitará que nos sintamos derrotados cuando fallamos.

Inicialmente, estarás corregulando al lado de tu hijo a medida que aprende a entender y utilizar el Neurociclaje. La corregulación es un intercambio cómodo y perceptivo entre padres e hijos que proporciona apoyo facilitador, entrenamiento colaborativo, y modelaje para ayudar al niño a observar, entender y manejar sus pensamientos y las posteriores emociones, conductas, sensaciones corporales, y perspectivas unidas a ellos. A medida que su capacidad de autorregulación se desarrolla, tu papel en la corregulación cambiará. No dejarás de ayudarlo, pero en cambio pasarás de ocupar un rol principal a un rol de facilitador.[1]

A medida que tu hijo trabaja en el Neurociclaje, reconocerá que las batallas que está atravesando son muy reales, y que tú reconoces y validas su angustia. Verá que no está solo, que está bien pedir ayuda, y que puede atravesar lo que está enfrentando y aprender a lidiar con su dolor y manejarlo.

Desgraciadamente, muchos adultos me han dicho que nunca aprendieron a interpretar lo que atravesaron cuando eran niños, de modo que reprimieron su dolor mental, lo cual finalmente se desencadenó en su vida y empeoró su salud mental. Eso no es sorprendente, ya que los problemas reprimidos y no tratados nos hacen vulnerables a toda clase de problemas mentales y físicos. La presión aumenta como si fuera un volcán y explota, influyendo negativamente en lo que pensamos acerca de nosotros mismos y lo que decimos y hacemos: nuestras señales de advertencia. En muchos aspectos, nuestras reacciones poco sanas a la vida son un medio de lidiar en el momento, un modo de protegernos a nosotros mismos de emociones que no entendemos; sin embargo, esos sentimientos y conductas no son sostenibles a largo plazo, y a menudo hacen que las cosas empeoren si no se manejan.

Por fortuna, utilizando las habilidades de manejo de la mente que describe este libro puedes ser proactivo y dar a tu hijo el regalo de la autorregulación. Puedes enseñarle desde que es muy pequeño para que así aprenda a manejar los muchos altibajos que la vida lanzará a su camino, independientemente de cuál sea su edad.

Un modo estupendo de hablar a tu hijo acerca del Neurociclaje es compararlo con ir caminando por un bosque llenos de árboles de pensamientos. Utilizar imágenes o juguetes aquí es una manera extraordinaria de explicar todo esto a tus hijos pequeños.

Cerebrito caminando por un bosque de árboles de pensamientos

Puedes explicarle a tu hijo que, al igual que Cerebrito en este dibujo, él tiene su propio bosque personal en su mente que necesita cuidar como si fuera un jardinero. Cuando tiene un árbol triste o infeliz que se ve un poco desordenado, puede ocuparse de él y hacer que sea sano y fuerte, igual que quitar las malas hierbas o regar un árbol. Asegurarte de que tenga suficientes nutrientes hace que sea más fuerte.

Por ejemplo, tu hijo podría haberse metido en una pelea con un hermano, y tal vez se siente muy triste. Podría batallar para olvidar esa pelea, y unos días después se mete en otra pelea y saca a relucir la pelea anterior: sigue claramente ofendido por lo que sucedió. Esencialmente, esa situación está afectando el comportamiento de tu hijo. En este ejemplo, puedes explicarle a tu hijo que el recuerdo de la primera pelea es un árbol de pensamientos que está creciendo en su cabeza, y que influye en cómo se siente y como actúa hacia su hermano. Este árbol de pensamientos está desordenado y tiene espinos, y sus hojas están marchitas; sin embargo, debido a que él es un "jardinero de la mente", puede utilizar el Neurociclaje para reparar y componer este árbol.

Es importante explicarle a tu hijo que este proceso no significa deshacerse del árbol triste o destruirlo. No está intentando olvidar sus experiencias o librarse de ellas. De hecho, no podemos hacer eso porque nuestras historias nunca desaparecen; sencillamente las cambiamos. Tu hijo está aprendiendo a ver el árbol bajo una luz diferente o rediseñarlo de tal modo que pueda aprender a vivir con él; significa no seguir desordenando por más tiempo el bosque de árboles de pensamientos que hay en su cabeza.

Lo que sucede cuando Cerebrito recorre los 5 pasos del Neurociclaje

Como puedes ver en la tira cómica más abajo, en la primera imagen Cerebrito está intentando librarse del árbol de pensamientos, pero su historia no desaparecerá, de modo que sólo puede sacar a la luz las raíces que están podridas. En la segunda imagen, Cerebrito está apartando la tierra para así poder poner abono en las raíces podridas para que se recuperen. En la tercera imagen, Cerebrito está replantando las raíces malogradas para que así el árbol pueda volver a crecer de modo sano. En la cuarta imagen, el árbol es casi mejor después de 21 días. Por último, en la quinta imagen, ¡es mucho mejor en el día 63!

Para rediseñar el árbol necesitamos mirar las raíces. Como mencionamos anteriormente, las raíces son el recuerdo de la historia o experiencia de origen que plantó el árbol de pensamientos. Puedes explicarle a tu hijo que debe cavar alrededor del árbol de pensamientos y examinar las raíces para comprobar qué está causando que el árbol se vea tan desordenado y poco sano.

A medida que tu hijo recorre los pasos del Neurociclaje, esencialmente está "recuperando" las raíces malogradas. Si lo hace durante 63 días (la mínima cantidad de tiempo que toma construir un nuevo pensamiento o recuerdo; ver el capítulo 12), el árbol volverá a crecer y será sano. Puede que sean necesarios varios ciclos de 63 días dependiendo de cuán tóxicas y establecidas hayan estado las raíces; sin embargo, como muestra el dibujo de la derecha, con el paso del tiempo el recuerdo del viejo árbol (la experiencia) seguirá estando ahí, pero será más pequeño y no tendrá el mismo poder que el árbol sano. Eso es lo que significa reconceptualizar una experiencia. No intentamos enseñar a nuestros hijos a olvidar o borrar lo que les sucedió; les estamos enseñando a encontrar maneras de manejar el desorden de la vida.

Cerebrito sintiéndose mucho mejor porque ahora tiene poder sobre la vieja historia

Algunos pensamientos y sus emociones relacionadas tomarán más tiempo que otros para trabajarlos, porque algunas experiencias tienen una influencia mayor en nuestro modo de pensar, sentir, y decidir. Esto es normal. Lo importante es dejar saber a tu hijo que está bien que sienta tristeza y experimente otras emociones. Como mencionamos anteriormente, cuando dejas saber a tu hijo que no tiene que ignorar o reprimir esos sentimientos, le ayudas a entender que es como un bosque en invierno en su mente: no se sentirá así siempre, y pronto llegará otra vez la primavera.

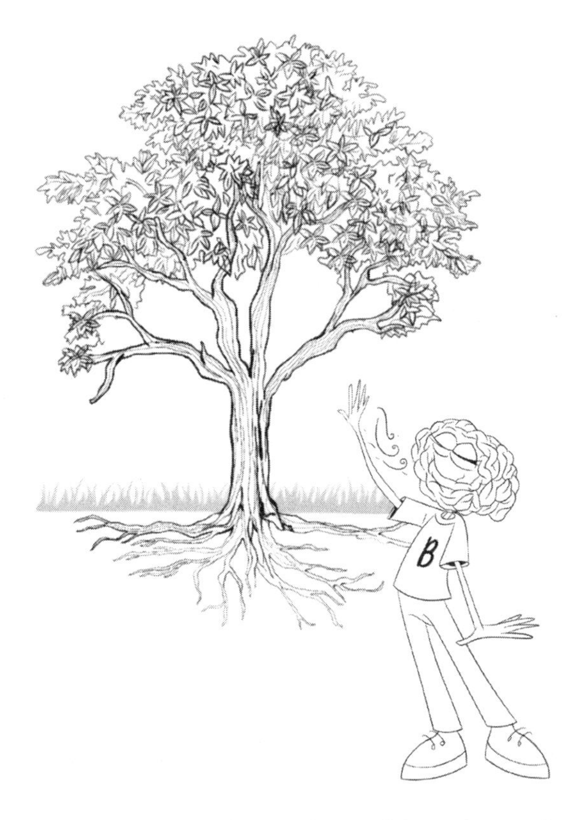

Cerebrito sintiéndose mucho mejor después de hacer el Neurociclaje

■ ■ ■

PARTE 2

CÓMO USAR EL NEUROCICLAJE CON TU HIJO

En los capítulos siguientes aprenderás a utilizar el Neurociclaje para ti mismo y cómo enseñarlo y utilizarlo con tu hijo para ayudarlo a manejar su salud mental. Recuerda: ¡es el superpoder de tu hijo y tuyo también hacia la libertad en la salud mental!

7

CÓMO PREPARAR EL CEREBRO

Cuando calmamos la mente, el cerebro y el cuerpo, podemos comenzar a llegar a la raíz de lo que nos está afectando.

Piénsalo de este modo: por lo general, todos tenemos una caja de primeros auxilios en nuestros hogares para que, cuando alguien en la familia se haga un corte o un arañazo, tengamos maneras de atender esa herida de inmediato. De ese modo, estamos preparados para atender nuestros problemas de salud física inmediatamente, pero por lo general no consideramos que nuestra salud mental también necesita atención. A continuación, te ofrezco la idea de algo que puedes hacer con tu hijo: siéntate y crea tu propia "caja de primeros auxilios mentales". Llena esa caja con todas las cosas que les ayudarán a tu hijo y a ti a manejar su salud mental en el momento inmediato de sentirse abrumados. Mantén esta caja cerca de tu caja de primeros auxilios físicos para recordarte que es tan importante cuidar tu salud mental como tu

Cerebrito haciendo ejercicios de respiración.

salud física. Podrías incluir un dibujo que haga feliz a tu hijo, por ejemplo, o tal vez un objeto que lo calme o lo distraiga temporalmente, como una peonza o una pelota de estrés. Incluso podrías poner una fotografía de él o ella en su lugar favorito o con una de sus personas favoritas, un juguete que le guste mucho, o un libro que le calme.

A continuación, tenemos algunos ejercicios sencillos de preparación del cerebro que puedes realizar con tu hijo antes o después del proceso de Neurociclaje, o siempre que sea necesario.

1. TRABAJO DE RESPIRACIÓN

Un ejercicio sencillo de descompresión que por lo general no falla para niños entre 3 y 10 años de edad es respirar profundamente. Una de las mejores maneras de hacer esto con tu hijo es enseñarle a respirar profundo y mantener la respiración durante tres segundos, y después expulsar el aire con fuerza durante siete segundos. Repite el ejercicio de tres a cinco veces. Tu hijo puede hacerlo de pie, sentado o tumbado, en la posición que sea más cómoda para él.

Qué decir y hacer. Puedes describir el proceso de esta forma: "Pon tu mano sobre tu estómago. Ahora, haz una respiración muy grande y muy profunda mientras yo cuento hasta tres, y después expulsa el aire con toda la fuerza que puedas mientras cuento hasta siete". Para niños más pequeños, sencillamente diles que te imiten al respirar profundamente y expulsar el aire con fuerza, ya que puede que no sean capaces de seguir tu conteo.

También puedes mostrarles primero qué hacer. Demuestra la respiración profunda, y después di: "Ahora, vamos a probarlo juntos, ¡porque te hará sentir mucho mejor!". Práctica este ejercicio varias veces hasta que tu hijo aprenda a hacerlo.

2. MOVIMIENTO

El movimiento es especialmente beneficioso para los niños, ya que puede ayudarles a liberar endorfinas, serotonina y adrenalina a la vez que aumenta sus niveles de energía, lo cual les ayudará a enfocarse en el Neurociclaje.

Qué decir y hacer. Para iniciar esta actividad, escoge un movimiento para que tú y tu hijo lo hagan durante unos minutos, uno que sepas que le gustará. También puedes pedir a tu hijo que escoja un movimiento. Algunos ejemplos son dar saltos, bailar, mover los pies, o algo tan sencillo como caminar por la habitación. Tu hijo y tú pueden sentirse un poco torpes al hacer algunos de estos movimientos, y eso está bien. Ríanse de ustedes mismos, ríanse el uno con el otro, y concédanse el permiso de verse un poco bobos por un momento.

Pídele a tu hijo que se enfoque en cómo siente el movimiento en su cuerpo. ¿Se siente emocionado, cansado, bobo? Esto es como un tipo de meditación activa para los niños, que les ayuda a enfocarse en las sensaciones de su cuerpo. Mientras más ejercicios como éste hagan, más enseñarás a tu hijo a estar plenamente presente en su cuerpo y poner su enfoque en lo que está haciendo en el momento.

Este tipo de movimiento intencional y dirigido es un modo de ayudar a tu hijo a redirigir sus pensamientos, desde aquello en lo que está batallando a enfocarse en su cuerpo y lo que puede hacer con él. Es una manera realmente estupenda de que se prepare para el Paso 1 del Neurociclaje: Recolectar.

Esta actividad puede durar tanto tiempo como sea necesario. La clave está en moverse hasta alcanzar un punto en el que sientas que tu hijo está en un estado mental más calmado.

3. CREATIVIDAD

La creatividad es también un modo de calmar la mente, el cerebro y el cuerpo, y de descomprimir antes o después de trabajar en el Neurociclaje. La creatividad es también un modo excelente y tangible de liberar emociones abrumadoras.

Qué decir y hacer. Lo primero es pedir a tu hijo que escoja una actividad creativa que le guste hacer. Algunos ejemplos son dibujar, pintar, jugar con plastilina o bloques de LEGO, etc.

Pide a tu hijo que dibuje, coloree, o dé forma a tres cosas que le guste hacer o tres de sus recuerdos favoritos. Esta visualización creativa ayudará a tu hijo a enfocar su atención en lo que le produce alegría, lo cual a su vez le ayudará a manejar cualquier emoción que se sienta abrumadora en el momento.

A medida que tu hijo visualiza creativamente un pensamiento o recuerdo feliz, está construyendo redes neuronales sanas en su cerebro que son como sistemas de apoyo o políticas de seguridad a las que poder recurrir en momentos de necesidad. ¡Esencialmente está creando su resiliencia mental!

Otros ejemplos de actividades para preparar el cerebro o de descompresión incluyen enseñar a tu hijo afirmaciones positivas, pedir a tu hijo que repita una cita o una oración que sea consoladora para él, o que escuche música; además, también puedes pedir a tu hijo que toque su instrumento si eso es algo que le gusta. La lista anterior es solamente una guía, ya que hay muchas actividades posibles de descompresión que puedes hacer con tu hijo.

La clave está enfocarse en lo que a tu hijo le gusta y lo que le produce alegría y le ayuda a calmarse. Entonces, utiliza ese conocimiento para crear tu propia manera única de ayudar a tu hijo a calmar su mente, su cerebro y su cuerpo, y que así esté más enfocado y preparado para hacer el Neurociclaje.

Trata de evitar apresurar el proceso o impacientarte con tu hijo si batalla para enfocarse o se siente sensible. El índice cada vez mayor de energía electromagnética tóxica en la mente y el cerebro debido a ese apresuramiento y molestia en una situación solamente hará que crezcan árboles poco sanos y empeorará el problema. Esta energía negativa en torno a nosotros puede contaminarnos y bloquear la claridad mental en la situación.

8

CÓMO HACER EL PASO 1: RECOLECTAR

El paso de Recolectar ayuda a los niños desde temprana edad a aprender a identificar y poner nombre a emociones difíciles, lo cual suaviza la carga de las emociones y permite una autorregulación más eficaz.

Recolectar, el Paso 1 del Neurociclaje, es un tipo de consciencia deliberada que se enfoca en la información *específica*; va más allá de la consciencia general. En el paso de Recolectar, querrás enseñar a tu hijo a centrarse y enfocarse *específicamente* en las cuatro señales de advertencia de las que hablamos en la parte 1: emociones, conductas, sensaciones corporales, y perspectivas. A medida que tu hijo hace eso, querrás alentarlo a

Cerebrito recolectando las cuatro ramas de señales de advertencia

hacer muchas preguntas del tipo qué y cómo con el propósito de obtener información que le ayudará a entender lo que está sucediendo en su mente y a mejorar su salud mental.

Con niños de entre 3 y 6 años puedes utilizar la demostración y la representación para acompañarlos en el Paso 1 del Neurociclaje. Sugiero decorar cuatro cajas (las cajas de zapatos funcionan bien) y después llenarlas de imágenes. Las imágenes en cada caja deberían representar una de las cuatro señales de advertencia. La primera caja es para imágenes de sentimientos, como Cerebrito y todas las emociones, que puedes obtener del libro de colorear que yo creé para acompañar a este libro, o puedes encontrar imágenes en revistas, en otros libros de colorear, en el Internet, etc. Intenta encontrar imágenes para muchas emociones diferentes. Llena de conductas la segunda caja de imágenes, como lanzar juguetes o llorar. De nuevo, puedes recortar esas imágenes de nuestro libro de colorear de Cerebrito o encontrarlas en otros lugares. La tercera caja es para imágenes de reacciones corporales, como dolor de estómago o dolor de cabeza.

En lugar de poner en la cuarta caja imágenes que representen perspectivas (cómo alguien mira la vida), podrías introducir dos pares de lentes de sol. Un par puede ser con cristales de color y hermoso, y el otro par puede ser oscuro o estar roto. Entonces puedes pedir a tu hijo que se ponga el par de lentes de sol que represente cómo ve la vida en ese momento, o cómo ve esa situación en particular. ¿Es mala y aterradora, o cree que las cosas estarán bien?

Para niños entre 7 y 10 años puedes utilizar imágenes, pero también añadir a tus cajas palabras escritas en papel. La perspectiva es con frecuencia una de las señales de advertencia más difíciles de explicarle a un niño, de modo que también puedes mostrarle la imagen de perspectivas de Cerebrito sosteniendo dos pares de lentes de sol en el capítulo 3 para ayudar a tu hijo a entender lo que quieres decir.

En tus cajas, es importante tener imágenes de caras de niños pequeños y también de otros niños más grandes y de adultos. Eso ayudará a tu hijo a entender que esos problemas les suceden a personas de todas las edades. Otras ideas de cosas que puedes meter en las cajas son imágenes que tu hijo y tú dibujaron juntos, objetos, y juguetes.

Crear estas cajas puede ser una divertida actividad de preparación del cerebro que puedes hacer con tu hijo antes de comenzar el Neurociclaje. También podría ayudarle a participar y estar más dispuesto a hacer el Neurociclaje; hace que el proceso se parezca más a un juego y menos a una obligación o algo que tiene que hacer.

Además, no te preocupes si a tu hijo le toma algún tiempo agarrar el ritmo de este paso. Investigación reciente muestra que los niños tan jóvenes como de edades entre 2 y 4 años tienen una comprensión bastante aguda de los conceptos emocionales, mucho más de lo que solíamos pensar.[1] Sin embargo, con frecuencia no tienen los recursos lingüísticos para describir plenamente y explicar todos esos conceptos, y es ahí donde nosotros entramos como adultos. Podemos ayudar a nuestros hijos proporcionándoles palabras y dándoles diferentes maneras de expresarse a sí mismos usando movimiento, representación, juguetes, dibujos, música, libros de cuentos, etc.

PASOS DE ACCIÓN DE RECOLECTAR

1. Usando la imagen de Cerebrito al inicio de este capítulo, di algo parecido a lo siguiente: "Vamos a descubrir qué hay en las ramas del árbol de pensamientos desordenado en tu cerebro que te hace estar triste".
2. Ten preparadas las cuatro cajas de señales de advertencia en algún lugar conveniente en tu casa. Comienza a abrir una caja de señal de advertencia cada vez, y ayuda a tu hijo a escoger la imagen o el objeto que mejor represente cómo

se siente emocionalmente y físicamente, su conducta, y su perspectiva.

3. Si tu hijo está confuso, recuérdale a Cerebrito agarrando las ramas, que son sus señales de advertencia. Puedes impulsar este proceso con preguntas. (Para obtener ayuda, recurre a la tabla de las cuatro señales de advertencia en el capítulo 3).

Por ejemplo, toma una imagen de la caja de las emociones que muestre una cara triste, y pregunta a tu hijo si se siente así. Puede que tengas que revisar todas las imágenes para encontrar la emoción que encaja mejor con cómo se siente tu hijo, o tal vez tengas que añadir una emoción; un modo rápido de hacer esto es utilizar un cuaderno y una pluma para dibujar algunas caras. Dile que encontrarán o dibujarán juntos más imágenes más adelante ese día si es necesario. Puedes seguir añadiendo imágenes a medida que las encuentres, o a medida que tu hijo desarrolle una comprensión más profunda de sus emociones más complejas. Mientras más imágenes u objetos tengas que representen diferentes emociones, ¡mejor!

Haz que tu hijo participe en este proceso desde el inicio, y puede que llegue un momento en el que comenzará a encontrar imágenes u objetos por sí mismo para meter en sus cajas. Intenta alentarlo a hacer eso regularmente a medida que desarrolla una sensación de la complejidad de sus emociones; esto le ayudará a ver que tiene un espacio seguro para procesar cómo se siente. Con los niños de edades entre 7 y 10 años puedes utilizar las imágenes con más palabras, o hacer que tu hijo escriba cómo se siente; ¡lo que funcione para él! Puedes hacer esto mismo con las cuatro cajas.

4. Emplea bloques de tiempo de 5 a 15 minutos para hacer esto. Si tu hijo necesita más tiempo, está bien. Si en cualquier momento quiere detenerse, también está bien; simplemente retoma la actividad donde la dejaron más adelante en el mismo día o al día siguiente. Si tu hijo se siente mal, tomen un receso y haz una actividad de descompresión con él para ayudarlo a calmarse (ver el capítulo 7).

9

CÓMO HACER EL PASO 2: REFLEXIONAR

El paso de Reflexionar es vital, porque el proceso hace que el pensamiento se debilite para que así pueda ser cambiado.

¿QUÉ ES EL PASO DE REFLEXIONAR?

Cerebrito reflexionando en sus señales de advertencia e intentando averiguar qué le están diciendo

El paso de Reflexionar es donde ayudas a tu hijo a buscar el significado más profundo que está detrás de sus cuatro señales. Esencialmente, estás enseñando a tu hijo a examinar los detalles de las señales (las ramas en su árbol de pensamientos) para encontrar el motivo que hay detrás de sus emociones, conductas, sensaciones corporales, y perspectivas.

Es de ayuda crear una caja de Reflexionar que contenga muchas imágenes de *situaciones*. Algunos ejemplos incluyen a una persona adulta gritando a un niño, un maestro en un salón de clases lleno de niños que gritan, alguien recibiendo burlas, etc. Son solamente algunos ejemplos de lo que puedes meter en la caja de Reflexionar; también puedes obtener otros dibujos u objetos que conecten de manera única con el modo en que tu hijo comprende estos conceptos. Éste es un proceso continuado y orgánico a medida que tu hijo encuentra más imágenes y objetos que le gusten.

Para los niños entre 6 y 10 años de edad, también puedes tener palabras y frases escritas en papel; sin embargo, recuerda que no será posible anticipar todas las situaciones potenciales, de modo que añade otras nuevas a medida que las trabajes con tu hijo. Estas situaciones son desencadenadas por la información que proviene de la experiencia actual.

Para explicarle esto a tu hijo, puedes decir que es como cuando Cerebrito cava la tierra alrededor de las raíces para dejarlas expuestas y averiguar qué está sucediendo. Cuando las raíces quedan expuestas de este modo, eso hace que el árbol se sacuda y que las ramas poco sanas se suelten, lo cual hace más fácil agarrarlas y analizarlas para ver cómo mejorar el árbol. Éste es un paso muy importante porque hace que el pensamiento se debilite para que así pueda ser cambiado.

PASOS DE ACCIÓN DE REFLEXIONAR

1. Usando la imagen de Cerebrito al inicio de este capítulo y las imágenes de las cuatro señales de advertencia en el capítulo 3, di algo como lo siguiente: "Mira cómo Cerebrito está mirando fijamente las ramas. Bien, eso es lo que vamos a hacer para averiguar más detalles de lo que está

sucediendo y así poder ver qué hay en las ramas del árbol de pensamientos enredado en tu mente y entender lo que te hace sentir triste, enojado, asustado, molesto, confuso, o como te sientas".

2. Después, usa las imágenes que tu hijo escogió de las cajas de señales de advertencia de las que hablé en el paso de Recolectar para así comenzar un proceso de pregunta, respuesta, y diálogo. Utiliza preguntas del tipo por qué, cómo, cuándo, quién y dónde para cada una de las cuatro señales. En este paso estás ampliando la información recolectada en el Paso 1 y obteniendo descripciones más específicas de las señales de advertencia. Comenzando con las emociones, puedes preguntar, por ejemplo: "¿Por qué crees que te sientes?".

Entonces dale algunas opciones a tu hijo, porque puede que no tenga las palabras para describir por qué se siente de ese modo. Por ejemplo, puedes hacerle preguntas como las siguientes: "¿Te sientes triste porque alguien te dijo algo para hacerte sentir triste? ¿Sí? ¿Qué te dijeron?". Entonces puedes preguntar: "¿Puedes usar tus juguetes para mostrarme lo que sucedió? ¿O quieres encontrar una imagen que me muestre lo que sucedió?".

Con niños de edades entre 3 y 6 años puedes utilizar la representación o los juguetes al hacer las preguntas. Algunas veces, es más fácil para el niño hacer que su juguete favorito o su amigo imaginario responda a una pregunta difícil, lo cual crea distancia entre el niño y lo que sucedió. Puede hacer eso espontáneamente o, si tu hijo está batallando para responder, puedes probar este enfoque. Si tienes un Cerebrito de juguete, puedes usar el juguete con tu hijo.

3. Después enfócate en las señales de advertencia conductuales y repite el proceso anterior diciendo algo como lo siguiente: "Veo que, cuando te sientes triste, no quieres jugar porque (describe en lo que trabajaron con las señales de advertencia emocionales)". Al hacer esto, estás ayudando a tu hijo a establecer conexiones entre las señales. Mientras más veces lo hagas con él, más comenzará a hacerlo por sí mismo.
4. A continuación, pasa a las señales de advertencia de sensación corporal. Muéstrale las imágenes de Cerebrito y repite el proceso anterior con preguntas como las siguientes: "¿Cómo se siente la tristeza (u otra emoción) en tu cuerpo? ¿Te duele el estómago o sientes tensión en los hombros porque te sientes triste?". Utiliza muchas demostraciones y representación.
5. Por último, enfócate en las señales de advertencia de perspectiva y pídele que se ponga el par de lentes de sol que crea que describe mejor cómo ve o entiende su experiencia. También puedes pedirle que señale una de las lentes de sol que Cerebrito está sosteniendo en la imagen de perspectivas en el capítulo 3, o pedirle que explique o represente cómo le hace sentir lo que ha sucedido hacia sus amigos, su escuela, sus hermanos, su familia, o consigo mismo.
6. Toma un bloque de tiempo de 5 a 15 minutos para hacer esto. Si tu hijo necesita más tiempo, está bien. También puedes usar los consejos del capítulo sobre Recolectar para ayudar a tu hijo a entender cómo hacer este paso.
7. Si tu hijo quiere parar en cualquier momento, está bien; simplemente retoma la actividad donde la dejaron más adelante en el mismo día o al día siguiente. Si tu hijo se siente mal, tomen un receso y haz una actividad de

descompresión con él para ayudarle a calmarse (ver el capítulo 7). No presiones a tu hijo; ten siempre una política de puertas abiertas que cree un espacio seguro para que él procese sus emociones en su propio momento.

8. Para todas las edades, enfócate en ayudarlo a expresarse al decir las frases con otras palabras o ampliarlas, y después pregunta: "¿Es esto lo que estás atravesando? Si no, ¿puedes ayudarme a entenderlo?". Eso hará que tu hijo se sienta escuchado y validado, y le ayudará a sentir que tiene un espacio seguro y sin crítica para poder hablar y expresarse.

10

■ ■ ■

CÓMO HACER EL PASO 3: ESCRIBIR/JUGAR/DIBUJAR

Escribir y dibujar producen orden en el caos al "poner la mente sobre el papel". Este es un paso increíblemente importante, porque si no ayudamos a nuestros hijos a sacar a la luz sus pensamientos reprimidos, permanecerán arraigados y pueden causar más angustia mental y física.

¿QUÉ ES EL PASO DE ESCRIBIR/JUGAR/DIBUJAR?

El paso de Escribir/Jugar/Dibujar con frecuencia va de la mano con el paso de Reflexionar. Aunque el paso de Reflexionar ayuda a revelar el motivo que está detrás de las señales, el paso de Escribir/Jugar/Dibujar ayuda a revelar el cómo, cuándo, quién, y dónde.

Cerebrito escribiendo sus señales y reflexiones

El paso de Escribir/Jugar/Dibujar es un proceso muy revelador. Saca a la luz los recuerdos de los pensamientos, lo cual añade claridad y saca los pensamientos reprimidos de la mente inconsciente. Tu hijo puede que recuerde cosas que no era consciente de que le estaban inquietando, o que estaban relacionadas de algún modo con cómo reacciona y se comporta.

Escribir y dibujar producen orden en el caos al "poner la mente sobre el papel". Este es un paso increíblemente importante, porque si no ayudamos a nuestros hijos a sacar a la luz sus pensamientos reprimidos, permanecerán arraigados y pueden causar más angustia mental y física. Para los niños más pequeños, la representación o usar juguetes puede ser también un modo de que "escriban"; es decir, que expresen y aclaren sus pensamientos. Esto también puede ayudarte a entender mejor lo que tu hijo está atravesando a medida que le ayudas a trabajar en el proceso del Neurociclaje.

PASOS DE ACCIÓN DE ESCRIBIR/JUGAR/DIBUJAR

1. El objetico del Paso 3 es ayudar a captar y ampliar cualquier cosa que tu hijo descubrió acerca de las cuatro señales de advertencia cuando hizo los pasos 1 y 2, de modo que es una buena idea hacer este paso bastante pronto tras los otros dos pasos, o junto con el Paso 2.

2. Usando la imagen de Cerebrito al inicio de este capítulo y las imágenes de las cuatro señales de advertencia en el capítulo 3, di algo como lo siguiente: "Hoy vamos a escribir, jugar y dibujar con Cerebrito; así ayudaremos a tu

cerebro a averiguar lo que te está poniendo triste (u otro sentimiento)". Tu hijo puede escribir sus pensamientos en un cuaderno o en un papel; o, si lo prefiere, puede hacer un dibujo que represente todo lo que acaba de descubrir, o que muestre lo que intenta expresar. Sin embargo, es importante que tu hijo comprenda que esto es distinto a una actividad de descompresión. En cualquier cosa que escoja hacer, debería enfocarse de modo deliberado e intencional en lo que está expresando y por qué.

3. Alienta a tu hijo a escribir o dibujar cualquier cosa que llegue a su mente consciente, incluso si parece que no tiene sentido en ese momento exacto. Alienta a tu hijo a sacar fuera sus pensamientos. ¡No te preocupes de que sea algo ordenado! Pueden ordenarlo en el paso de Reconfirmar. La escritura desempeña un papel muy importante en organizar los pensamientos y activar los dos lados del cerebro, incluso si al principio parece un poco caótico.

11

■ ■ ■

CÓMO HACER EL PASO 4: RECONFIRMAR

Este paso está diseñado para ayudar a tu hijo a aceptar la experiencia (lo que le sucedió) a la vez que lo empodera para reconceptualizarla y que así ya no controle cómo se siente y opera.

¿QUÉ ES EL PASO DE RECONFIRMAR?

En este paso estás ayudando a tu hijo a rediseñar su historia y reparar las raíces enredadas de su árbol de pensamientos para que no siga teniendo un efecto negativo en su salud mental. Este paso está diseñado para ayudar a tu hijo a aceptar la experiencia (lo que le sucedió) a la vez que lo empodera para reconceptualizarla y que así ya no controle cómo se siente y opera. Enseñará a tu hijo a pensar en lo que

Cerebrito averiguando cómo hacer que su árbol de pensamientos esté sano

le sucedió bajo una nueva luz: *Sí, me sucedió esto, y está afectando cómo pienso, cómo me siento y me comporto, pero ¿qué puedo hacer al respecto? ¿Cómo puedo enmendar mi historia? ¿Cómo puedo hacer que este árbol de pensamientos sea sano?*

En este momento, recuerda incluir también mirar el impacto en otras personas de los mecanismos de afrontamiento de tu hijo. Esto ayudará a tu hijo a entender que el modo en que piensa y reacciona a la vida influirá también en sus relaciones, lo cual es parte del desarrollo de la empatía y la autorregulación.

PASOS DE ACCIÓN DE RECONFIRMAR

1. Muestra a tu hijo el dibujo de Cerebrito reconfirmando sus pensamientos al inicio de este capítulo. Puedes decir algo como lo siguiente: "Vamos a averiguar cómo podemos ver de modo diferente este árbol de pensamientos. Sí, sucedió esto, pero ¿qué podemos hacer para mejorarlo? ¿Con qué podemos enmendar este árbol de pensamientos para hacer que esté sano?".

2. Hay dos modos en que puedes visualizar este paso con tu hijo. En primer lugar, si hay un patrón establecido que se está originando por un trauma doloroso o una experiencia tóxica, eso puede visualizarse como un árbol que se ve feo y es venenoso o tiene espinos y está causando daño a la tierra que le rodea y a otros árboles de pensamientos. En este caso, tu hijo tiene que cavar el árbol de pensamientos

y reparar y componer las raíces del árbol para que deje de producir espinos y envenenar la tierra.

Cuando se ha hecho todo eso, tu hijo pondrá el árbol de pensamientos otra vez en la tierra, y volverá a crecer de un modo más hermoso: se convertirá en un árbol de pensamientos sanos. Esta es una buena manera de explicar a tu hijo el proceso de reconceptualización. El recuerdo de lo que le sucedió es una parte de su historia, y nunca desaparecerá. Tu hijo no corta el árbol ni planta otro nuevo para esconderlo, pero tampoco quiere que el veneno se apodere del árbol o que se mantenga como estaba. Por eso, en el Paso 4 repara cómo crece el árbol. Lo convierte en algo que no está dañando su capacidad de seguir adelante en la vida. Se está librando de esos espinos dolorosos y venenosos que le lastiman, y está componiendo el árbol de pensamientos para que vuelva a crecer y se convierta en algo que no causará tanto dolor cuando piense al respecto.

Cerebrito mirando felizmente el nuevo árbol de pensamientos sanos; ¡la vieja historia es ahora débil y no tiene ningún poder!

El árbol de pensamientos replantado está caracterizado por una sensación de aceptación: tu hijo está en paz con el pasado. Esto se representa en la imagen de Cerebrito mirando un árbol que tiene un lado marchito y otro lado muy verde y frondoso. La vieja historia está conectada con el pensamiento que acaba de ser reconceptualizado; sin embargo, el lado verde y frondoso es más grande y más poderoso, mientras que la vieja historia se mantiene ahí como una sombra del pasado, y ya no envenena el árbol.

La segunda manera de visualizar este proceso es para cosas tóxicas que han sucedido y que no están al mismo nivel que un trauma importante. Aunque esas experiencias pueden sentirse angustiosas en el momento, no son tan fuertes ni están tan desarrolladas como las experiencias traumáticas, y son mucho menos perturbadoras para nuestro bienestar. La imagen aquí es un árbol que tiene hojas marchitas, ramas partidas, y algunas raíces que se están pudriendo. Incluso puede haber algunos insectos carcomiendo el árbol: son todas las cosas que han sucedido y que aparecieron en los pasos de Recolectar, Reflexionar, y Escribir/Jugar/Dibujar.

A medida que tu hijo realiza el paso de Reconfirmar, se está librando de esos insectos, hojas secas, ramas partidas, y raíces que se pudren al podar el árbol, añadir fertilizante a la tierra, y regar el árbol. Ahora, a medida que crece el árbol reconceptualizado, tiene hojas verdes y sanas. El recuerdo del árbol de pensamientos quebrado y poco sano sigue estando ahí, pero es simplemente una imagen desdibujada que muestra la vieja historia que solía lastimar a tu hijo y hacer que se preocupara y tuviera miedo. Ese viejo árbol de pensamientos poco sano ya no tiene ningún poder sobre tu hijo.

3. Tu hijo puede trabajar en este proceso repasando lo que escribió o dibujó en el Paso 3 y explicando lo que ve. Entonces puede añadir más imágenes, dibujos e información, organizando la información con el uso de flechas, círculos, cajas, o cualquier otra cosa que quiera utilizar para producir más claridad y organización en sus pensamientos. Este es el proceso de "sacar las raíces y sanar las hojas".

   A medida que tu hijo hace todo esto, puedes ayudarlo a ver cómo su historia ha influido en él y en otras personas cambiando cómo se siente, lo que dice y hace, cómo le hizo sentir en su cuerpo, y cómo le hizo actuar hacia otras personas. Puedes utilizar las imágenes de las cuatro señales de advertencia (capítulo 3) para ayudarlo a conversar acerca de lo que estaba haciendo y cómo le afectaban sus experiencias.

   También puedes ayudarlo a demostrar esto llenando un vaso de agua hasta rebosar o llenando un globo de agua hasta que explote; eso es lo que representa tener en su cerebro ese árbol de pensamientos poco sano. Incluso podrían crear juntos un volcán en miniatura como ejercicio, y decirle que la "lava" que hace erupción representa sus señales de advertencia, y que el modo de evitar que haga erupción es logrando que el árbol de pensamientos esté sano.

4. A continuación, ayuda a tu hijo a ver el impacto que sus mecanismos de afrontamiento (las señales de advertencia) tiene en su vida al igual que en las vidas de las personas que ama, y cómo podría actuar de modo diferente. Por ejemplo, su fracaso le hizo sentir realmente horrible y confuso, y causó que las personas que ama (papá, mamá, un hermano, un amigo) se pusieran tristes. Haz hincapié en que no es su culpa que otras personas fueran afectadas, pero

debido a que otras personas le aman, el modo en que actúa influirá en los demás.

Este ejercicio no está diseñado para hacer que tu hijo se sienta culpable ni tampoco para castigarlo. Su objetivo es enseñarle a ser consciente de sí mismo y comprender que lo que dice y hace afectará a las personas que están en su vida; y eso puede ser a la vez algo bueno y malo. Es importante tener consciencia de uno mismo en relación con otras personas. Esta es una parte importante de la autorregulación y el desarrollo de la empatía.

5. En este punto en el paso, felicita a tu hijo por todo el buen trabajo que ha hecho. Subraya que es estupendo que dijera todas esas cosas. Dile que no es fácil conversar sobre emociones, y que van a averiguar qué hacer al respecto, que no está solo. Eso dará a tu hijo una sensación de control y autonomía, y le ayudará a sentirse validado.

6. Entonces puedes conversar acerca de buscar otras maneras más eficaces para percibir o ver la situación, de modo que su impacto en su vida quede neutralizado. Este es el paso de "hacer que el árbol de pensamientos esté sano". Esto no eliminará la lucha, pero ayudará a tu hijo a manejarla y seguir avanzando.

Por ejemplo, si tu hijo batalla en la escuela y eso hace que se sienta mal, puedes decir algo como lo siguiente: "Está bien batallar para aprender a leer. Este tipo de luchas son normales, y todos tenemos diferentes cosas con las que luchamos, pero no ayudará si ignoras cómo te sientes o evitas aprender a leer, incluso aunque batalles. Por eso queremos mejorar las cosas; queremos hacer que ese árbol de pensamientos esté más fuerte y sano".

No queremos que nuestros hijos piensen que está bien apegarse o encadenarse a estrategias de afrontamiento negativas, como huir o evitar un problema. Necesitamos ayudar a nuestros hijos a crear un lenguaje y un contexto que les dé la capacidad de enfrentar sus luchas y superarlas, incluso si toma tiempo.

7. Es aquí donde ayudarás a tu hijo a buscar antídotos o maneras de hacer que el árbol de pensamientos esté sano. La reconceptualización es, en su núcleo central, un modo de encontrar perspectivas alternativas para contrarrestar los elementos dolorosos de una historia y experiencia. Cuando la historia de origen está más clara (lo que has estado haciendo con tu hijo hasta este punto), entonces puedes ayudarlo a encontrar un modo alternativo de mirar el problema.

   Estás ayudando a tu hijo a cambiar la "energía del dolor" de lo que sucedió para convertirla en "energía de recuperación" que puede utilizar para mejorar la situación. Esencialmente, le estás quitando el dolor a la historia; sigue siendo emocional, pero es una emoción manejada. Está claro que el árbol de pensamientos tomará tiempo para estar sano, y puedes mostrar eso a tu hijo tomándolo de la mano y dando pequeños pasos hacia adelante mientras dices: "Así es el progreso, un paso cada vez. Así es como hacemos que nuestros árboles de pensamientos estén sanos". Entonces puedes ayudarlo a buscar antídotos para ayudarlo a dar esos pasos.

   En el ejemplo anterior, se podría incluir explicar a tu hijo que aceptar su dificultad con la lectura no significa que sea malo o tonto, y que todo el mundo en la vida batalla con diferentes cosas. Puedes decir a tu hijo que le ayudarás a aprender a leer; hay muchas maneras de aprender, y le ayudarás a encontrar la mejor manera para él. Incluso puedes sugerir maneras de conversar acerca de lo que está atravesando, como: "Diles a tus amigos que hay un pequeño dolor en tu cerebro que se está curando, de modo que podrás leer. Igual que cuando te caes y te lastimas, toma un poco de tiempo mejorar".

8. Una actividad estupenda para demostrar el paso de Reconfirmar es tener una caja de objetos que no te importe que se rompan, como pinturas, juguetes, comida, o piezas de construcción. También puedes utilizar platos, vasos o tazas, pero tienen el potencial de dañar a tu hijo, de modo que recomiendo utilizar objetos más suaves que no puedan dañarlo cuando se rompan. Permite que tu hijo lance al piso uno de los objetos en una zona designada de tu casa bajo tu supervisión, lo cual ayudará a liberar energía contenida. Después, ayúdalo a recoger las piezas y siéntense juntos mientras arman de nuevo el objeto. Puedes incluso utilizar pegamento infantil que tenga purpurina, o cinta adhesiva que sea colorida y tenga dibujos. Esto se denomina el principio del kintsugi, que es el arte japonés de reparar cerámica rota con pegamento que tiene oro, plata, o platino. La idea es aceptar las fallas, las imperfecciones, y los enredos que se producen cuando la vida nos envía hacia direcciones peligrosas, y así poder crecer a partir de ellas. Si estás utilizando algún alimento como una galleta, puedes utilizar cobertura alimentaria colorida o sirope para ayudar a que se pegue.

Cuando hayan terminado, admiren el nuevo objeto y explica a tu hijo que las cosas que nos suceden pueden hacernos sentir quebrados, pero cuando hacemos el Neurociclaje, reparamos el quebranto y hacemos que mejore lo que nos sucedió: el nuevo árbol de pensamientos es hermosos de un modo nuevo. Sí, es diferente, pero en realidad es mejor. Las grietas llenas de belleza muestran lo que atravesamos hasta llegar ahí.

Recomiendo hacer esta actividad solo unas pocas veces, ya que puede consumir bastante tiempo y causar desorden. Si es posible, mantén el objeto reconstruido en un lugar especial para recordar a tu hijo que atravesó algo difícil en una ocasión y lo mejoró, lo cual significa que también puede superar el próximo reto.

12

CÓMO HACER EL PASO 5: ACERCAMIENTO ACTIVO

El Acercamiento Activo es un modo extraordinario de ayudar a tu hijo a desarrollar su resiliencia mental. Es una distracción con propósito que levantará el ánimo a tu hijo y disciplinará su mente enredada, ayudándolo a mantenerse en un lugar positivo a lo largo del día.

¿QUÉ ES EL PASO DE ACERCAMIENTO ACTIVO?

El Acercamiento Activo es el último paso del Neurociclaje.

El Acercamiento Activo involucra crear una breve declaración de aliento para uno mismo seguida por una acción sencilla y agradable, y practicarla varias veces al día para fortalecer el árbol de pensamiento

Cerebrito practicando el Acercamiento Activo

reconceptualizado. Tiene un propósito doble:

1. Evitar que tu hijo regrese furtivamente a meditar en el problema mientras el día avanza.
2. Grabar el árbol de pensamientos reconceptualizado en el cerebro hasta que se convierta en un árbol de pensamientos muy fuerte que influya en el pensamiento y la conducta de tu hijo: un hábito.

El Acercamiento Activo de tu hijo cambiará progresivamente a medida que obtenga más perspectiva sobre sus pensamientos. Tu hijo puede que quiera hacer el mismo Acercamiento Activo por varios días cada vez, y después añadir elementos o cambiarlo por completo a medida que aprende más acerca de sus pensamientos.

El Acercamiento Activo es un modo extraordinario de ayudar a tu hijo a practicar su nueva manera de pensar acerca del problema y desarrollar su resiliencia mental. Es una distracción con propósito que levantará el ánimo a tu hijo y disciplinará su mente enredada, ayudándolo a mantenerse en un lugar positivo a lo largo del día. Ayudará a tu hijo a evitar la preocupación consigo mismo, lo cual puede aumentar los sentimientos de depresión y ansiedad.[1]

PASOS DE ACCIÓN DE ACERCAMIENTO ACTIVO

1. Usa la imagen de Cerebrito haciendo un Acercamiento Activo al inicio de este capítulo para alentar a tu hijo. Recuérdale que, con su superpoder del Neurociclaje, ¡él puede hacer lo mismo!

2. Puede que ayude si tomas la iniciativa y realizas algunos Acercamientos Activos para tu hijo que incorporen todos los elementos en los que trabajaron en los Pasos 1-4. Puedes sugerir un par de opciones entre las que él pueda escoger, las cuales puede que él quiera cambiar.

3. Un Acercamiento Activo también sirve como un proceso de retroalimentación y monitoreo, lo cual ayudará a tu hijo a desarrollar su autorregulación y sus habilidades de atención consciente. Los Acercamientos Activos no están grabados en piedra; son modos de que tu hijo examine cómo se siente y cambie si es necesario. Querrás que tu hijo pregunte cosas como éstas: *Intenté algo; ¿funcionó? ¿Me siento mejor?* En caso positivo, entonces aliéntalo a continuar en esa dirección. En caso negativo, entonces aliéntalo a preguntar: *¿Qué más puedo hacer? Seguiré probando cosas hasta que alguna funcione.* Cada día, alienta a tu hijo a comprobar su Acercamiento Activo del día antes de ver si quiere seguir con el mismo o cambiarlo. Si quiere cambiar su Acercamiento Activo, dile que, aunque tal vez no haya sido exactamente lo correcto, hizo que se moviera en la dirección correcta.

4. Tu hijo debería tomar unos 3-5 minutos para hacer su Acercamiento Activo y aproximadamente 1 minuto para practicarlo. Puede tomar un poco más de tiempo si siente que lo necesita, especialmente si está usando una actividad de descompresión para lidiar con un desencadenante. Si necesita tomar un descanso, está bien; puede repetir el paso de Acercamiento Activo durante el día si lo necesita.

5. Tu hijo debería practicar su Acercamiento Activo cada vez que se sienta impulsado a volver a pensar en el problema o sienta que se desencadena. Si no sucede ninguna de esas cosas, sigue siendo una buena idea practicar de

modo consciente y deliberado el Acercamiento Activo con tu hijo al menos siete veces por día, lo cual ayudará a fortalecer el nuevo árbol de pensamiento reconceptualizado. Recomiendo poner un recordatorio en tu teléfono o en otro dispositivo para hacer este paso con tu hijo.

Si lo deseas, también puedes descargar la app Neurociclaje y completar el Neurociclaje de 63 días con tu hijo virtualmente. La app Neurociclaje (disponible en tu app store iOS o Android) ofrece una extensión del proceso bosquejado en este capítulo y los cuatro capítulos anteriores, y también incluye introducciones guiadas a cada uno de los 5 Pasos. Además, el Neurociclaje de cada día describe los cambios que se están produciendo en el cerebro diariamente, una técnica única de preparación cerebral, y la opción de recibir recordatorios para hacer el Acercamiento Activo, con siete notificaciones diarias establecidas según la frecuencia de tu preferencia.

13

EL MOMENTO DEL NEUROCICLAJE

Lo más importante a recordar es que se necesitan 63 días para cambiar un pensamiento y crear un hábito, y no 21 días.

El Neurociclaje está diseñado para operar en ciclos de 63 días. No es un proceso instantáneo. Permite la evaluación racional y sistemática de eventos y circunstancias tóxicas dentro de marcos de tiempo controlados, lo cual ayuda a incorporar nuevas redes neuronales que conducen a un manejo de la mente empoderado. Toma tiempo crear y estabilizar un pensamiento reconceptualizado (un nuevo árbol de pensamientos sanos) que conduce al cambio real.

Cerebrito contando cuántos días ha hecho el Neurociclaje

El Neurociclaje es el proceso que ayudará a tu hijo, *con el tiempo,* a convertir sus patrones de pensamiento dominantes y disruptivos en pensamientos nuevos y estabilizados con recuerdos incorporados. En pocas palabras, está pensado para ayudar a tu hijo a crear nuevos hábitos sostenibles en ciclos repetidos de 63 días que producirán un cambio de conducta en su vida y crearán su resiliencia. Es necesario un ciclo completo por problema en el que quieras trabajar con tu hijo.

LOS DOS MARCOS DE TIEMPO PRINCIPALES DEL SISTEMA DEL NEUROCICLAJE

El sistema del Neurociclaje

Hay dos marcos de tiempo principales del sistema del Neurociclaje:

1. **Patrones establecidos, como trauma y hábitos tóxicos.** Para cambiar el esquema neuronal de patrones establecidos o cambiar árboles de pensamientos poco sanos, es necesario utilizar el Neurociclaje en ciclos de 63 días.

2. **Un momento de crisis o cuando sea necesario.** Puedes usar el Neurociclaje como un truco del manejo de la mente para calmar la mente, el cerebro y el cuerpo, y obtener claridad en el momento. Mientras más lo practique tu hijo, más fácil le resultará hacer los ciclos de 63 días para establecer hábitos y reparar traumas.

Cuando se trata de *patrones establecidos*, es realmente importante evitar intentar resolverlo todo en un solo día. Es mejor trabajar en periodos breves de tiempo a lo largo de 63 días, lo cual conducirá a un cambio neuronal eficaz y estable: crear nuevos árboles de pensamientos.[1]

Idealmente, esto conllevará hacer los cinco pasos del Neurociclaje diariamente durante unos 7 a 15 minutos por 63 días. Por ejemplo, si tu hijo está cambiando de escuela o de casa, o experimenta cambios importantes en la unidad familiar o con los amigos, serán necesarios aproximadamente 63 días para adaptarse. En los primeros 21 días de utilizar el Neurociclaje diariamente comenzamos a ver cambios en pensamientos o conductas; sin embargo, para asegurarte de que esos cambios son sostenibles, necesitarás recordar que debes ayudar a tu hijo a practicar utilizando el Neurociclaje por otros 42 días.

Tu hijo puede hacer eso uniendo la acción a una tarea que ya haga diariamente, como decir su declaración de Acercamiento Activo mientras se peina o se viste. Esto le recordará pensar diariamente en el nuevo pensamiento. Recuerda: para practicar el nuevo pensamiento, tu hijo debería hacer Acercamientos Activos siete veces a lo largo del día.

En situaciones más extremas que involucren traumas como abuso o acoso escolar, puede que tu hijo necesite hacer más de un ciclo de 63 días. Cada situación tendrá su propio conjunto de retos. Mientras más complejo sea el trauma, más problemas tóxicos relacionados pueden surgir, y más tiempo necesitarás emplear en hacer el Neurociclaje con tu hijo.[2]

Otras situaciones son más manejables, como un problema de salud mental *en el momento* o una pequeña crisis. Puede que tu hijo esté frustrado porque no quiere irse a dormir, tal vez está molesto después de haberse peleado con sus hermanos, o puede hacer un berrinche en una tienda porque quiere irse de allí. En esta clase de situaciones, puedes realizar el Neurociclaje con él rápidamente y pasar por los 5 Pasos aproximadamente en 1 a 5 minutos.

SÉ PACIENTE Y FLEXIBLE

Lo más importante a recordar es que se necesitan 63 días para cambiar un pensamiento y crear un hábito, y no 21 días. El número 21 se ha proclamado regularmente como el número "mágico" de días para crear hábitos y cambiar conductas; sin embargo, el verdadero cambio toma mucho más tiempo, especialmente si la conducta está arraigada o establecida.[3] Los cambios reales en el comportamiento se crean lentamente a medida que reconceptualizamos los pensamientos y sus conductas relacionadas de un modo estable y organizado a lo largo de pequeñas cantidades de tiempo, razón por la cual el Neurociclaje está diseñado para utilizarse diariamente en ciclos de 63 días. Son necesarias semanas, y no días, para que se formen nuevas sendas neuronales, que son donde "vive" el árbol de pensamientos.

Muchos adultos y niños vuelven a caer en viejos patrones de pensamiento y de conducta porque no conocen la cantidad de tiempo que se necesita para deconstruir un viejo pensamiento y reconstruir un pensamiento nuevo en su lugar. Mi propia investigación y otros

El árbol de pensamientos en el Día 1 El árbol de pensamientos en el Día 21 El árbol de pensamientos en el Día 63

estudios han mostrado que se necesitan un promedio de 63 a 66 días para que se forme un nuevo hábito que se mostrará como un cambio en la vida de alguien.[4] Como mencionamos anteriormente, algunas veces incluso pueden ser necesarios varios ciclos de 63 días para ver el cambio, dependiendo de la complejidad del trauma o el hábito tóxico. Puedes explicar a tu hijo este marco de tiempo utilizando las imágenes siguientes.

La clave a recordar a medida que trabajas con tu hijo en el Neurociclaje es la *flexibilidad*. Aunque hay un marco de tiempo vinculado al proceso del manejo de la mente, necesitarás ser flexible con los niños pequeños. Intenta no ser demasiado rígido, e intenta ser paciente contigo mismo y con tu hijo. Todo este sistema está pensado y estructurado para ayudar a *reducir* el estrés, no para aumentar el estrés.

Los tiempos estimados para cada Neurociclaje están basados en la ciencia de la neuro plasticidad y manejo de la mente. También están basados en cuánto tiempo los niños de edades entre los 3 y 10 años pueden enfocarse de modo realista en los problemas de salud mental. Mientras que los niños de edades entre 7 y 12 años tal vez estén más cerca de la marca de los 15 minutos, quienes tienen edades entre los 3 y 6 años probablemente estarán más cerca de la marca de los 5 minutos.

Sin embargo, ¡siempre hay excepciones! Algunos días las cosas tal vez van tan bien, que tomas más tiempo, quizá hasta 45 minutos. Otros días no pasarás de la Recolección en 15 minutos. Algunos días harás los 5 Pasos en cinco minutos, y otros días tal vez puedas hacer solamente la actividad de descompresión o quedarte atascado en cierto paso. Podría ser que todo lo que hagas en un día, o incluso en algunos días, sea reconocer que está sucediendo algo, y simplemente abrazar a tu hijo y dejarlo ahí hasta el día siguiente. Ese será especialmente el caso cuando comienzas a introducir el Neurociclaje en tu estilo de vida y convertirlo en una rutina.

Al trabajar en el proceso del Neurociclaje con tu hijo, intenta no pasar de los 45 minutos cada vez porque el proceso del manejo de la mente puede ser agotador; a menos, desde luego, que estén haciendo una de las actividades creativas relacionadas que sugerimos anteriormente. Necesitarás programar tiempo adicional para algunas de esas actividades, como crear las cajas de señales de advertencia, o cualquier actividad que tú mismo inventes. Haz que sean interactivas y divertidas, lo cual ayudará a tu hijo a disfrutar más del proceso del Neurociclaje.

También es importante no dejar que tu hijo se preocupe por lo negativo. Recuerda: intenta siempre terminar el proceso en un tono constructivo, ya que eso ayudará a que la neuro plasticidad del cerebro y la mente consciente avancen en una dirección esperanzadora.[5] Utiliza esta imagen del superhéroe Cerebrito para alentar frecuentemente a tu hijo a lo largo del Neurociclaje.

¿CÓMO SE VEN LAS COSAS DESPUÉS DE 63 DÍAS?

A medida que tu hijo recorra los 63 días, aprenderá a reconceptualizar la situación relacionada con el principal árbol de pensamientos tóxicos, lo cual significa que no habrá nada que lo sujete a ese árbol de pensamientos tóxicos, como Cerebrito en la imagen anterior en el día 63. Aunque el viejo pensamiento sigue estando ahí, es totalmente diferente: es pequeño y débil, y ha perdido su poder.

Al final de este proceso, el nuevo pensamiento está en control. El tiempo que tu hijo empleó en los 63 días cultivando un nuevo árbol de pensamientos y estabilizándolo significa que el viejo pensamiento no estará surgiendo todo el tiempo e influyendo en sus pensamientos y acciones. Con el tiempo, y usando el Neurociclaje, tu hijo habrá debilitado el viejo árbol de pensamientos de modo sistemático; por lo tanto, ese árbol habrá perdido su capacidad para controlarlo.

ESTABLECER UNA RUTINA

Establecer una rutina es realmente importante a medida que trabajas en el Neurociclaje con tu hijo. Hacer algo en la misma ubicación y momento del día (dentro de lo posible) puede ayudarlos a ambos, a ti y a tu hijo, a formar nuevos hábitos, reducir el estrés, y manejar su salud mental.[6]

Tener una rutina también ayudará a fortalecer la autorregulación y la resiliencia de tu hijo. Mientras más practique el Neurociclaje, más habilidades de manejo de la mente serán automatizadas, lo cual significa que será capaz de llevarlas a otras situaciones que surjan durante el día.[7] Con el tiempo, esto disminuirá su dependencia de la fuerza de voluntad y la motivación, que tienden a disminuir cuando estamos en medio de un estado muy emocional o reactivo.[8] Es agotador batallar repetidamente para controlar nuestros actos y hacer lo correcto, ¡como nosotros los adultos sabemos muy bien!

La automatización es increíblemente importante. Ayudará a tu hijo al llegar al punto en el que, cuando se encuentre en una situación similar a la que anteriormente le desencadenaba, responderá de modo diferente. Puede que *sienta* que está respondiendo sin pensar, pero no es ese el caso. Por el contrario, significa que su mente ha formado un nuevo árbol de pensamientos sanos en su cerebro durante el tiempo suficiente, y eso ha cambiado su estructura de modo que es más estable y, por lo tanto, puede utilizarse de manera nueva (como nuevo patrón de conducta). Regresando a la imagen de la tormenta en el bosque de árboles de pensamientos, este nuevo árbol de pensamientos es lo bastante fuerte para soportar la tormenta y ofrecer cobijo. Sí, está sucediendo algo malo, pero ahora tu hijo tiene más seguridad en sí mismo porque sabe cómo manejar la situación.

Piensa en enseñar a tu hijo a montar en bicicleta. Tu hijo pasa de no ser capaz de mantener el balance sobre la bicicleta a montar en ella con rueditas, y después montar sin rueditas y sin pensar de modo consciente en lo que está haciendo. Sin embargo, tras bambalinas, suceden muchas cosas. Se produce una autorregulación inteligente y dinámica en la mente de tu hijo y en las redes neuronales de su cerebro para convertir este árbol de pensamientos en un hábito automatizado. Hablo con más profundidad de este proceso de aprendizaje en mi libro *Piensa, aprende y ten éxito*. Ahora, mientras tu hijo monta en su bicicleta con seguridad, *no* está pensando. Su mente, su cerebro y su cuerpo están siguiendo un patrón de pensamiento que se ha establecido a lo largo del tiempo mediante la práctica, que es lo que también está sucediendo cuando trabajas en el Neurociclaje con tu hijo. ¡Eso sí que es tener un superpoder! La mente y el cerebro son verdaderamente increíbles.

PARTE 3

CÓMO APLICAR EL NEUROCICLAJE A LAS EXPERIENCIAS DE LA VIDA

Hablaremos del Neurociclaje aplicado a cinco retos diferentes y comunes para los niños. Esta parte del libro está diseñada para ayudarte a asistir a tu hijo en desarrollar la clase de autonomía que conduce a la resiliencia mental y a una salud mental mejorada.

14

■ ■ ■

TRAUMA

Al igual que el trauma nos cambia y puede dar como resultado daño mental y físico, también tenemos la capacidad de cambiar cómo se ven esas historias traumáticas dentro de nuestro cerebro, nuestro cuerpo, y nuestra mente.

La experiencia del trauma es inmensamente diferente para cada persona, y el proceso de sanidad es también diferente. No hay ninguna solución mágica que pueda ayudar a todo el mundo, y se necesita tiempo, trabajo, y la disposición de enfrentar lo que es incómodo para que tenga lugar la verdadera sanidad, por difícil que todo eso pueda ser. Por fortuna, no hay ninguna fecha límite cuando se trata de superar el trauma; cada persona puede hacerlo del modo que funcione para ella. El trauma tiene un patrón diferente al de un hábito tóxico en la mente y el cerebro. El trauma es involuntario y ha sido infligido sobre una persona, lo cual con frecuencia deja a la persona sintiéndose emocionalmente y físicamente expuesta, agotada y asustada.

Para ayudarte a entender mejor lo que es el trauma, quiero contarte una historia acerca de un niño de ocho años estupendo y valiente a quien llamaremos Tim, y de sus padres y su hermana extraordinarios. Su historia cubre muchos temas de los que hablamos en la parte 4 y te ayudará a ver cómo es el uso del Neurociclaje con problemas de la vida real. Antes de leer esta historia, sin embargo, quiero observar que incluye mención de abuso físico, emocional y sexual, y tal vez sea difícil para algunos lectores. Siéntete libre para pasar a un capítulo diferente o regresar a esta sección cuando sientas que estás preparado.

He dividido la historia en tres partes: la historia contada por mamá, la historia contada por Tim, y la historia contada por papá. Esto te permitirá ver lo que sucedió desde tres perspectivas diferentes, lo cual, a su vez te ayudará a entender mejor lo que sucede cuando utilizas el Neurociclaje con tu hijo y cómo facilitar las tres clases de comunicación de las que hablamos en el capítulo 5 para mejorar tanto la resiliencia mental de tu hijo como la relación.

LA HISTORIA DE MAMÁ

La historia de mi familia con el Neurociclaje comienza con las muchas batallas de mi hijo para dormir y problemas nerviosos que surgieron después del trauma en sus primeros años de vida. Mi esposo y yo recibimos la custodia total de nuestro hijo Tim cuando él tenía cuatro años de edad. Cuando estaba bajo la custodia de su madre biológica, experimentó muchos tipos de trauma, incluyendo abuso físico, descuido en la alimentación y la higiene, falta de cuidado médico, y abuso sexual.

Estos eventos dieron como resultado que atravesara múltiples cirugías correctivas y muchos años de terapias, incluyendo terapia para un retraso en el habla, terapia ocupacional para el procesamiento sensorial y problemas de demora de la coordinación, y consejería para problemas de conducta y procesamiento del trauma.

A pesar de todos esos tratamientos, nuestro hijo continuaba batallando con el sueño y con problemas de conducta. No dormía más de cuatro horas seguidas cada noche, y se quejaba frenéticamente de sofocos, dolor de piernas, y pesadillas. También batallaba con episodios nocturnos de incontinencia, algunas veces múltiples.

Las batallas de conducta resultantes de patrones de sueño irregular y de sus antecedentes hacían imposible que Tim estudiara en la escuela tradicional con éxito. Semanalmente, nos llamaban a acudir a su escuela para recibir quejas acerca de su falta de enfoque, conductas verbales alborotadoras, agresión a otros niños, resistencia a completar sus tareas, e incapacidad de cumplir con órdenes y normas regulares.

En la casa, batallaba para seguir indicaciones que tuvieran más de un paso, para recordar tareas diarias básicas, y ajustarse emocionalmente a las actividades extracurriculares con otros niños, como música o deportes. Socialmente, eso le dejó con pocos amigos y batallando por encontrar un lugar donde fuera comprendido o perteneciera. En ese momento, decidimos hacer con él la escuela en casa para que pudiera recibir la atención y el tratamiento que necesitaba para desarrollar una existencia física, social y mental saludable.

Su padre y yo buscamos por todas partes para resolver sus problemas. Si había algún producto físico en el mercado pensado para ayudar a los niños con el sueño, lo comprábamos. Su cuarto estaba lleno de pesadas mantas, reproductores de sonido, difusores, y muchos otros accesorios. Todas esas cosas consiguieron mejorar su sueño solamente un poco, de modo que acudimos a las consultas médicas. Visitamos a especialistas en sueño para descartar trastornos de sueño, a especialistas en aparato digestivo para descartar problemas digestivos o cerebrales, a quiroprácticos para descartar problemas estructurales, a especialistas en balance cerebral para descartar problemas endocrinos, y a nutricionistas para descartar problemas de dieta, y también probamos multitud de cosas holísticas y homeopáticas entre medias para tratar sus problemas nerviosos y sociales.

Nada resolvía esos problemas para él, y la presión que había sobre nuestra familia era inmensa. No se podía programar nada después de las 6:00 de la tarde, ya que teníamos que estar en la casa para la larga rutina de relajación de nuestro hijo solamente para conseguir que se durmiera. Después de eso no había un sueño consistente, ya que la alarma de su puerta sonaba de tres a seis veces cada noche cuando él se despertaba y se levantaba buscando algo o buscando atención.

Finalmente, agotados y sin opciones, acudimos a recetas psiquiátricas. Durante el curso de un año, nuestro hijo estuvo tomando fármacos fuertes para dormir, medicinas para las piernas inquietas, y todo tipo de medicinas para el TDAH, y, además, también varias combinaciones diferentes de medicamentos de día y de noche. Aunque finalmente comenzó a dormir de ocho a diez horas algunas noches, también se sentía constantemente agotado, somnoliento, y en general con el ánimo muy bajo.

Aunque era menos antisocial en sus conductas, continuaba batallando. Su sueño seguía siendo inconsistente también, y todavía era incapaz de lidiar con volver a dormirse cuando se despertaba, incluso tomando toda esa medicación. Seguimos de ese modo y sin ningún otro recurso durante casi un año después de encontrarnos, por lo que parecía una casualidad del destino, con el Neurociclaje.

Tras cuatro días haciendo el Neurociclaje, observamos un cambio en nuestro hijo. Era capaz de calmarse por sí solo y volver a dormir diez minutos después de despertarse en la noche. Sus pesadillas cesaron. Parecía animado y contento durante el día. Era una diferencia increíblemente obvia. Nuestro hijo, que nunca dormía después de las 7:00 de la mañana bajo ninguna circunstancia, era capaz de dormir más tiempo. Podíamos tener vida familiar después de las 6:00 de la tarde, y todos pudieron apreciar el modo en que todo eso alivió la losa de estrés que se producía a la hora de dormir en nuestra casa.

Después de 21 días, estábamos seguros de que eso podría sustituir sus medicinas, que nunca funcionaron verdaderamente cuando se las recetaron en un principio. Durante los 42 días restantes del ciclo de 63 días disminuimos todas sus medicinas para dormir. Nos emocionamos al observar que él seguía durmiendo un promedio de diez horas, era capaz casi siempre de volver a dormirse sólo, de mantener un sueño libre de pesadillas, y podía irse a la cama a horas variables y dormir, aunque se fuera a la cama tarde. Los cambios en su vida diaria también eran muy claros. Su actitud mejoró, tareas que habían engendrado desastres y que no podían hacerse sin recordatorios constantes, ahora pudieron completarse rápidamente y de modo independiente, y sus habilidades sociales mejoraron.

El Neurociclaje se ha convertido ahora en algo esencial de nuestra vida familiar. Cada vez que nuestro hijo batalla con un problema de conducta, usamos los 5 Pasos para llevarlo de nuevo al enfoque y la claridad de actitud. El lenguaje que Tim aprendió para describirse a sí mismo, su cuerpo, y cómo funciona le ha producido una gran paz mental en el manejo de sus traumas y sus problemas nerviosos.

Ahora no necesitamos utilizar lenguaje negativo acerca de conductas diana; en cambio, podemos utilizar lenguaje transformador para alentarlo a identificar qué señal de advertencia está experimentando, por qué se comporta de modo inapropiado, y lo que hay que decirle acerca de sus sentimientos y necesidades conductuales. Además, las muchas técnicas de respiración que ha adquirido son útiles cuando preocupaciones y emociones destructivas comienzan a abrumarlo.

Como padres, hemos descubierto que el lenguaje, las técnicas, y los pasos del Neurociclaje nos han ayudado también a manejar nuestras propias emociones y conductas cuando interactuamos con nuestro hijo, creando un entorno familiar muy mejorado. Es mucho más fácil asignar respuestas y disciplina cuando entiendes de dónde viene tu hijo bioquímicamente y biofísicamente, y los canales reales y eficaces para cambiar la conducta problemática.

EL NEUROCICLAJE SE HA CONVERTIDO AHORA EN ALGO ESENCIAL DE NUESTRA VIDA FAMILIAR. CADA VEZ QUE NUESTRO HIJO BATALLA CON UN PROBLEMA DE CONDUCTA, USAMOS LOS 5 PASOS PARA LLEVARLO DE NUEVO AL ENFOQUE Y LA CLARIDAD DE ACTITUD.

Más allá de ayudarnos a entender a nuestro hijo, el Neurociclaje también nos ayudó a entender nuestras propias reacciones y sus historias de origen. Aunque los niños son inocentes en la presión emocional que crea la crianza de los hijos, sigue siendo una experiencia muy traumática sin tener un mecanismo de afrontamiento para los padres, especialmente para los padres de niños con necesidades especiales. Escuchar el Neurociclaje al lado de Tim me ayudó a modificar adecuadamente mis ideas tóxicas acerca de mi relación con mi hijo.

Todas las ideas como: *¿Qué estoy haciendo para merecer estas reacciones de él? ¿Por qué no me aprecia? ¿Cómo podremos seguir así durante los próximos años?* comenzaron a instalarse en las verdades apropiadas de que lo que yo hago no es siempre lo que determina la conducta de mi hijo; no necesito el aprecio de otros para dar lo mejor; y mi relación positiva con mi hijo vale más que la preocupación por cuánto tiempo tomará. El proceso ha continuado ayudándome a observar mis señales de advertencia antes de que se conviertan en emociones tóxicas, y me ha provisto de la preparación cerebral y las herramientas de respiración que necesito para manejar mis propias conductas en la crianza. Como beneficio adicional, observarme intentar mejorar yo misma con mi Neurociclaje pareció motivar a mi hijo para trabajar en su Neurociclaje, y hacerlo juntos ha sido una experiencia que nos ha vinculado emocionalmente.

LA HISTORIA DE TIM

He tenido problemas. Problemas para dormir y problemas de ira. La respiración hace que me sienta bien y calmado; me ha ayudado con muchas cosas. Cuando hago el Neurociclaje, me ayuda con mi sueño y mi conducta.

Me encanta todo lo de MPA (Ventaja de Perspectiva Múltiple). Me ayuda con mi día. También me gusta hacerlo cada día. Algunas veces simplemente quiero volver a hacerlo. Otras veces, cuando estoy triste, enojado, o me estoy sintiendo incómodo, hago el Neurociclaje. Algunas veces, cuando dejo pasar un día, trabajo más duro al día siguiente. También me gusta porque, si estás estresado por la escuela o por algo, eso que te estresa se irá lejos, o incluso se irá del todo. También es muy divertido. Si te aburres, deberías hacer el Neurociclaje.

LA HISTORIA DE PAPÁ

Desde una edad muy temprana, Tim batallaba para poder dormir y con el manejo de la conducta. Solamente mencionar irse a la cama y comenzar a acostarlo daba comienzo a lloros incontrolables que requerían horas de atención para calmarlo. Incluso cuando estaba dormido, se despertaba fácilmente y experimentaba la misma dificultad para volver a dormir. Su lenguaje y el desarrollo social eran muy lentos, y batalló para comunicarse con frases de más de dos palabras hasta bien entrado su cuarto año de vida.

Las causas de esos problemas no estuvieron claras hasta que tuvo unos cuatro años de edad. Desde su nacimiento tuve la custodia limitada de Tim, que vivía con su madre biológica durante su primer año de vida, periodo en el que ella me negaba el acceso a él. Cuando Tim tenía tres años, a punto de cumplir los cuatro, fui consciente de que Tim había estado experimentando abuso. Mi esposa y yo quedamos destrozados, y luchamos inmediatamente por la custodia total de Tim, y ganamos.

Siguieron años de terapias, ajustes en casa, medicación, y agotamiento. Mi esposa y yo teníamos que batallar constantemente contra su trama del pasado a la vez que intentábamos darle una experiencia de niñez normal. Parecía que algo funcionaba durante solamente unos días, y después la nueva herramienta o técnica perdía su efecto al día siguiente. Comencé a decirle a mi esposa que necesitábamos dejar de enfocarnos en las terapias y los tratamientos, y vivir una vida normal. El estrés hizo estragos en nuestra relación entre nosotros y con Tim, y afectó también la vida en el hogar de nuestra hija (medio hermana de Tim).

Un día, mi esposa trajo a casa la aplicación del Neurociclaje. Yo no le presté mucha atención al principio, porque habíamos probado antes con Tim otros tipos de consciencia plena, meditación para niños, y grabaciones. Sin embargo, quedó muy claro que Tim no lo consideraba igual. Unos días después, él hablaba positivamente acerca de su sueño durante el día, acerca de pelear con sus pesadillas, y sobre cómo podía mejorar. Sus Acercamientos Activos ayudaron visiblemente a recalibrar su día y su mentalidad. Después del primer ciclo de 63 días, todos pudimos dormir bien porque él no se despertaba durante la noche. Yo siempre había aborrecido el uso de medicación, y fue un gran alivio cuando mi esposa y yo pudimos disminuir sus dosis de medicinas.

Mucho más que solamente causar buenos efectos en la noche, el Neurociclaje nos dio el lenguaje y los pasos para crear un vocabulario compartido para describir nuestras experiencias mutuas e individuales. Fuimos capaces de verbalizar los motivos para las sesiones de respiración, Tim pudo entender por qué le pedíamos que pensara de cierto modo, y la conducta de todos mejoró. Cuando se descontrolaba, podíamos pedirle que hiciera el Neurociclaje con nosotros o de modo independiente con las grabaciones de la aplicación, y la mejora en su estado de ánimo y en su conducta fue obvia instantáneamente.

Los pasos y el lenguaje del Neurociclaje son esenciales en nuestra vida diaria en el hogar. Nos dan un lugar donde encontrarnos los unos con los otros, mejorar nuestras relaciones, y ayudar a Tim a recuperar su niñez y su futuro con menos estrés y agotamiento familiar. La terminología y el enfoque en el desarrollo mental y la sanidad ayudan a nuestro vínculo entre padres e hijos porque podemos apartarnos a nosotros mismos de la conducta inmediata y mirar al largo plazo o el cuadro general.

CÓMO PUEDE AYUDARTE ESTA HISTORIA

Mientras que el trauma nos cambia y puede dar como resultado un daño mental y físico, también tenemos la capacidad de cambiar cómo se ven esas historias traumáticas en nuestro cerebro, nuestro cuerpo, y nuestra mente.

El trauma proviene de muchas áreas, algunas de las cuales incluyen discapacidades físicas; enfermedades importantes; daño físico extremo; dolor; abuso sexual, verbal y emocional; y problemas sociales como pobreza, racismo, sexismo y homofobia, entre otras cosas. Cuando se trata de lidiar con el trauma extremo en los niños pequeños, el punto principal es ayudarlos a entender que no es culpa suya y que no hicieron nada malo. Crear un espacio seguro donde puedan decirnos absolutamente cualquier cosa a medida que la recuerdan o cuando hay un desencadenante es increíblemente importante.

También es importante no quedar asombrado y decirle a tu hijo que deje de decir cosas que puede que te hagan sentir incómodo. A medida que escuchas, puedes explicar amablemente por qué ciertas conductas y emociones son inapropiadas, y mostrarle respuestas más sanas a sus emociones que le ayudarán a sentirse mejor. Recuerda que la experiencia de tu hijo ha sido distorsionada por una situación extrema, y él intenta lidiar con eso del único modo que le permite darle cierto sentido. Está intentando procesar lo que personas adultas, otros niños, o personas desconocidas le hicieron, o cualquier otro evento traumático que experimentó y que distorsiona su perspectiva, incluso si ese "darle sentido" es simplemente aceptar que lo que sucedió no tiene sentido. Tan sólo ser capaz de comunicar su historia en un lugar seguro es un paso muy grande en el proceso de sanidad.

Por eso el Neurociclaje es tan útil. Proporciona un modo sistemático y seguro de ayudar a tu hijo a conversar sobre su historia y procesarla. La introspección abre la puerta a lo que yo denomino "la mente sabia", lo cual a su vez ayuda a convertir esos árboles de pensamientos poco sanos en otros árboles de pensamientos nuevos, sanos y verdes. Eso es lo que vimos en la historia de Tim.

POR ESO EL NEUROCICLAJE ES TAN ÚTIL. PROPORCIONA UN MODO SISTEMÁTICO Y SEGURO DE AYUDAR A TU HIJO A CONVERSAR SOBRE SU HISTORIA Y PROCESARLA.

Como expliqué en la parte 1, los pensamientos y sus recuerdos enraizados forman una red interactiva en todo el cuerpo. Es necesario un trabajo duro e incómodo y una *cantidad de tiempo significativa* para acceder conscientemente a un árbol de pensamientos en la mente inconsciente y deconstruirlo hasta llegar al nivel de las raíces. Para utilizar la analogía que usó Tim cuando me habló acerca de su experiencia con el uso del Neurociclaje: "Los tres primeros pasos son como una abeja que toma el polen de una flor, y después distribuye el polen alrededor y crecen muchas flores nuevas; esta parte es como lo que hacen los pasos de Reconfirmar y Acercamiento Activo".

La ciencia del impacto de las experiencias traumáticas en la niñez está bien establecida. Ahora sabemos que, sin intervención positiva y manejo de la mente, un niño que experimenta encuentros periódicos o continuos que causan estrés tóxico puede sufrir daños en la estructura y la función de su mente, su cerebro y su cuerpo, lo que se manifestará en su cuerpo y en cómo vive su vida.[1]

El trauma reordena las redes neuronales, los pensamientos, y las sendas sensoriales de modo que la mente de una persona, su cerebro y su cuerpo seguirán respondiendo como si estuviera en una situación realmente peligrosa incluso cuando no lo está.[2] Esto se denomina respuesta al trauma; es un mecanismo de afrontamiento desarrollado como reacción al trauma, pero generalmente no es lo mejor para el niño a largo plazo.

Es aquí donde intervienen el manejo de la mente y el Neurociclaje. Cualquier cosa en la que más pensemos crecerá, y cualquier cosa que crezca se manifestará en cómo nos comportamos hacia nosotros mismos y con los demás. Desgraciadamente, el trauma no manejado en la mente inconsciente también crece cuanto más tiempo queda sin atender, convirtiéndose en árboles de pensamientos grandes y enredados que influyen en cómo operamos.

El trauma puede distorsionar los recuerdos de maneras que pueden enmascarar los mensajes de la mente inconsciente, cuyo papel es alertar a la mente consciente de lo que está sucediendo mediante sus señales de advertencia.[3] Es casi como si la mente consciente se volviera borrosa, parecido a un par de lentes de sol que se empañan, haciendo así difícil poder ver. En este estado mental, nuestra capacidad de pensar con claridad y utilizar el discernimiento queda reducida, lo cual hace más fácil reaccionar negativamente a la información, a las personas, y a diferentes situaciones.

Vimos eso en la historia de Tim. Nadie puede predecir cómo expresará un niño traumatizado su estrés tóxico no manejado; sin embargo, si se deja sin manejar, ese estrés tiene el potencial de descontrolarse, lo cual puede conducir a problemas de conducta, la incapacidad de conectar socialmente, síntomas físicos, falta de sueño, problemas de aprendizaje, etc. Por eso es imperativo que ayudemos a los niños a aprender a manejar su mente desde temprana edad.

EL TRAUMA, LA MENTE, Y EL CEREBRO

La mente y el cerebro están organizados para la supervivencia. Esto significa que, cuando entramos en una situación difícil, la mente y el cerebro están diseñados para ayudar. Podemos cambiar las redes neuronales desordenadas *con* la mente. ¡Siempre hay esperanza!

Abajo tenemos un modo simplificado de ver cómo las redes neuronales (los pensamientos) pueden desordenarse, al igual que los cambios que se producen en el cerebro cuando un niño experimenta un trauma.

Árboles de pensamientos sanos

Árboles de pensamientos con trauma

La primera imagen es de un árbol de pensamientos sano. La segunda es de un árbol de pensamientos tóxico que podría representar un trauma.

Una experiencia tóxica puede conducir a una mente enredada, y este enredo entra en el cerebro como energía enredada, lo cual afecta al modo en que distintas partes del cerebro actúan como respuesta. Es como si no todas las partes del árbol de pensamientos (o los axones y dendritas) se comunicaran apropiadamente entre ellos, lo cual se demuestra por la parte oscurecida en el árbol poco sano de la segunda imagen.

En la imagen siguiente, puedes ver algunas de las distintas áreas del cerebro que se ven afectadas por el trauma. Aunque el trauma puede impactar a todo el cerebro (mediante muchos procesos muy complicados), para mantener la simplicidad sólo tocaré varias áreas clave donde podemos ver con claridad el gran impacto que causa el trauma en la mente y cerebro, para darte un cuadro general de lo que sucede.

Veamos las tres partes del cerebro en esta imagen: el córtex prefrontal (CPF), el hipocampo, y la amígdala.[4] El CPF está situado en el frente del cerebro justo por encima de los ojos, y se vuelve muy activo cuando autorregulamos nuestros pensamientos, sentimientos y decisiones. El hipocampo está situado detrás de los ojos en medio del cerebro, y está conectado con cómo recordamos cosas y también con cómo convertimos la memoria de corto plazo en memoria de largo plazo. La amígdala está situada donde se unen nariz y ojos dentro del cerebro, y es como una biblioteca que envía información al CPF, como emociones y percepciones, de modo que podamos juzgar el peligro y responder apropiadamente, al igual que practicar una mejor comunicación y empatía.

Cuando alguien tiene un trauma no manejado, el CPF comienza a ralentizar, y la información es distorsionada y sesgada, afectando la toma de decisiones y la resolución de problemas.[5] Esto sucede porque la amígdala, en lugar de enviar un flujo regular de información organizada al CPF, envía información de modo rápido y errático. Eso se debe a que el cerebro en un estado de trauma no manejado continuará respondiendo a la mente que impulsa la función cerebral; si la mente es errática y está traumatizada, el cerebro responderá como si siguiera estando en peligro.

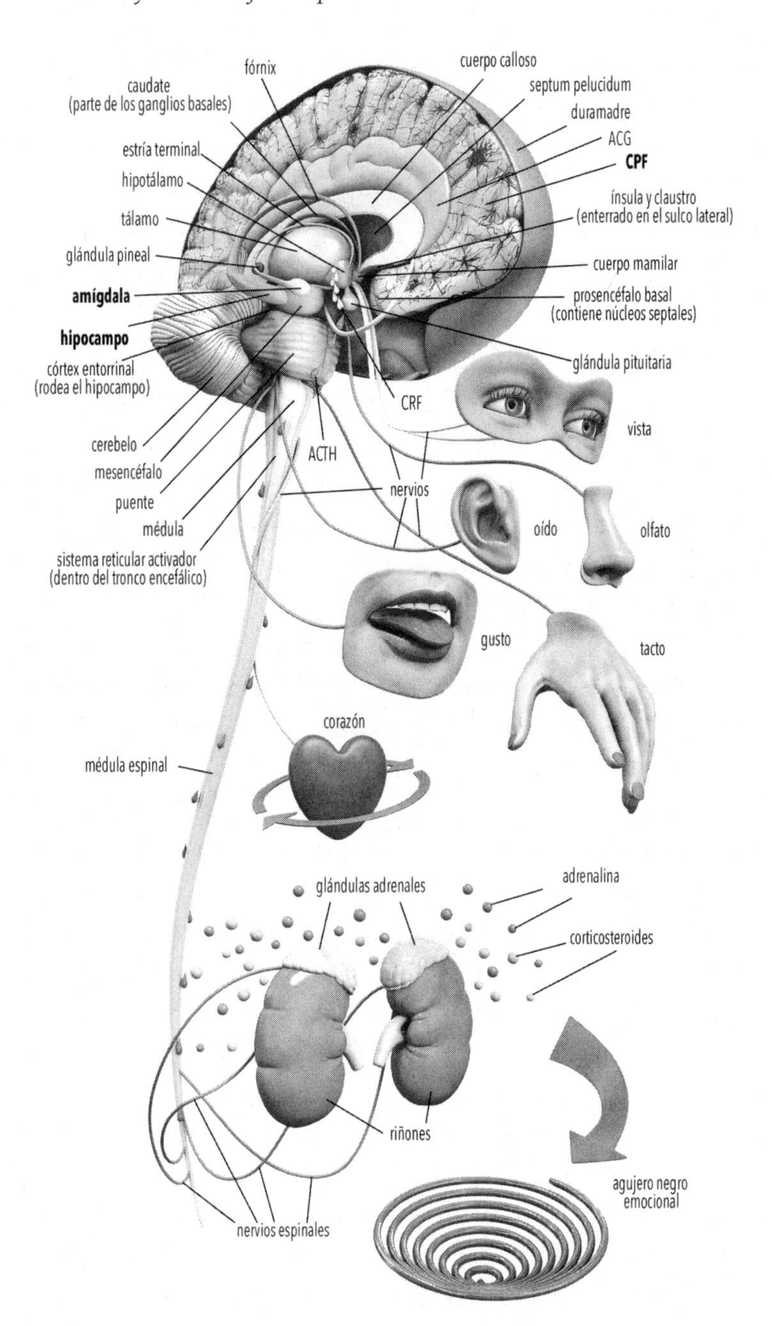

Las redes neuronales

Este trauma no manejado altera el balance de diferentes ondas de energía en el cerebro, que son generadas por nuestros pensamientos.[6] Si nuestros pensamientos no son manejados, son aterradores, abrumadores y caóticos debido a un trauma, eso dará forma a qué ondas discurren por el cerebro, afectando su actividad neuroquímica y electromagnética al alterar el flujo de energía balanceada, sacando al cerebro de su rango de balance cerebral homeostático entre los hemisferios derecho e izquierdo.

Cuando eso sucede, las cosas se enredan. El CPF no puede responder a la amígdala con la rapidez suficiente, ya que la amígdala envía información al CPF cinco veces más rápido de lo que el CPF envía respuestas a la amígdala.[7] Esto causará que el hipocampo y el CPF sean más pequeños con el tiempo, lo cual afectará la memoria y la función ejecutiva. Esto, a su vez, sitúa al resto del cuerpo en gran alerta, incluyendo las glándulas adrenales, las glándulas pituitarias, el hipotálamo, y el eje HPA, todos los cuales responden enviando mucha adrenalina, noradrenalina, epinefrina, cortisol y glucosa para intentar mejorar las cosas.

Observamos eso en nuestras pruebas clínicas recientes. La tecnología del mapeo cerebral cuantitativo (qEEG) mostró que el trauma no manejado y los pensamientos tóxicos eran visibles incluso cuando los sujetos cerraban sus ojos; su cerebro se mantenía en un estado activo de elevada ansiedad.[8] Por lo general, cuando alguien cierra los ojos, el qEEG captará un estado más reflexivo e intuitivo que se parece a las olas rodantes del mar, pero los sujetos con trauma no manejado tenían ondas que reflejaban algo más parecido a zigzags agitados. Cuando las personas con muchos traumas no manejados y pensamientos tóxicos cierran los ojos, su cerebro no cambia las frecuencias como debería, sino que se mantiene en un estado altamente activo por demasiado tiempo; esto se denomina onda beta elevada.[9] Este estado puede ser dañino con el tiempo porque tiende a desgastar las redes neuronales sanas, como se desgastan las hendiduras en los neumáticos, y hace que la persona se sienta abrumada y agudamente sensible a lo que está sucediendo, de modo que explota fácilmente. Esto sucede aún más en el cerebro del niño porque sus circuitos mentales y neuronales todavía siguen desarrollándose y madurando.

Cuando ocurre esto, el niño puede comenzar a oír o ver cosas que no están ahí, o a no oír o ver cosas que están ahí. Este estado mental puede dar como resultado hipervigilancia, hiperirritabilidad, insomnio, pesadillas, sudores nocturnos, recuerdos recurrentes (ondas de emoción abrumadoras que siguen discurriendo), ataques de pánico, cambios de personalidad, estar enojado o agresivo fácilmente, sentirse cada vez más ansioso, sentimientos de desapego, y querer aislarse porque siente que ya no encaja en el mundo donde solía encajar.[10] Puede que observes incluso que tú mismo u otros miembros de la familia pueden convertirse sin querer en el "desencadenante" de tu hijo. Esto puede ser muy difícil de entender como padres o cuidadores, lo cual puede dar como resultado sentimientos de culpabilidad y vergüenza, empeorando más aún la situación.

Además, si no lidiamos con estos traumas mediante el manejo de la mente, la mente consciente, el cerebro y el cuerpo comenzarán a desgastarse. Esto puede conducir finalmente a síntomas físicos como hipertensión, enfermedades cardiovasculares, problemas digestivos, problemas autoinmunes, diabetes tipo 2, síndrome de fatiga crónica, y muchos otros.[11]

El trauma también puede hacer que el niño se sienta distinto con respecto a quién es como persona. Como mencionamos antes, el trauma se carga en la mente inconsciente, el cerebro y el cuerpo, y se manifiesta mediante la mente subconsciente a la mente consciente como señales de advertencia. Incluidas en estas señales de advertencia están patrones de afrontamiento reactivos que tu hijo puede haber integrado en su neurología en el momento del incidente traumático, lo cual se ha visto reforzado con el tiempo.[12] Estos patrones de afrontamiento pueden hacer que tu hijo se sienta asustado y vulnerable.

Puede que comience a ver solamente amenazas y le resulte difícil imaginar no sufrir. Por eso necesitamos ayudar a nuestros hijos a sintonizar con sus cuatro señales de advertencia: emociones, conductas, sensaciones corporales, y perspectivas.

Cerebrito está leyendo muchos mensajes que asustan

Esa no tiene por qué ser la historia completa de tu hijo. En nuestras pruebas clínicas también descubrimos que el patrón de ojos cerrados visto en los mapeos del qEEG cambió, pasando de estados anormalmente activos a estados reflexivos e intuitivos cuando los sujetos comenzaron a utilizar el Neurociclaje.[13] Por lo tanto, por abrumador que todo esto pueda parecer, puedes ayudar a tu hijo a aprender a regular su actividad cerebral y calmar su mente y su cerebro utilizando el Neurociclaje, y cambiando así las estructuras de su mente y su cerebro para regresar a un estado más saludable.

Utilizando la imagen de arriba de Cerebrito, puedes explicarle esto a tu hijo. Puedes decir algo como lo siguiente: "Mira a Cerebrito. Está leyendo en voz alta y muy rápido muchas historias que asustan, y eso le hace sentirse asustado, tembloroso, ¡y hace que su cuerpo se sienta revuelto! A veces puedes sentirte como Cerebrito, y está bien, no pasa nada. Sin embargo, vamos a cambiar juntos la historia del libro para que así no te haga sentir tan confuso y asustado, igual que Cerebrito va a cambiar su historia y mejorar sus árboles de pensamientos. ¡Podemos hacerlo usando tu superpoder del Neurociclaje!".

15

■ ■ ■

EL TRAUMA Y EL NEUROCICLAJE

En cualquier cosa que hagas, no desesperes. Nuestras respuestas al trauma son perfectamente razonables a la luz de las experiencias que tuvimos; no son enfermedades cerebrales. Nos dicen que nuestra mente, nuestro cerebro y nuestro cuerpo están trabajando duro para intentar ayudarnos a adaptarnos y superarlo.

En este capítulo verás cómo aplicar el Neurociclaje al trauma. Puedes usar la tabla de las cuatro señales de advertencia del capítulo 3 y consultar la parte 2 para ayudarte a realizar los 5 Pasos con tu hijo. También sugiero que, a medida que trabajas en el Neurociclaje, dejes registradas tus observaciones y las perspectivas de tu hijo. Esto puede parecerse a lo siguiente:

Recolectar – padres

Recolectar – hijo

Reflexionar – padres

Reflexionar – hijo

Y así sucesivamente. Puedes hacer anotaciones en el mismo diario o en diarios por separado, lo que mejor funcione para tu hijo y para ti.

Siempre es una buena idea reclutar la ayuda de un terapeuta o un profesional de la salud mental especializado en traumas infantiles si observas que estas señales son un patrón consistente en la vida de tu hijo y están influyendo de modo negativo en cómo maneja la escuela, las relaciones, la vida familiar, y la vida en general. Tú y/o tu hijo pueden hacer terapia a la vez que hacen el Neurociclaje diariamente.

Hagas lo que hagas, no desesperes. La mayoría de los niños que son expuestos a eventos adversos o que amenazan la vida experimentan efectos permanentes a corto plazo por unos días, semanas, o incluso meses, incluyendo malos sueños o pesadillas, y una sensación de temor cuando recuerdan el suceso. Estas respuestas son perfectamente razonables a la luz de las experiencias que tuvieron; no son enfermedades cerebrales. Revelan que su mente, su cerebro y su cuerpo están trabajando duro para intentar ayudarles a adaptarse y superarlo.

Es especialmente importante con el trauma hacer alguna preparación cerebral antes, después, y en cualquier momento durante el Neurociclaje como sea necesario.

1. RECOLECTAR

A continuación, tenemos algunos ejemplos de señales de advertencia que puedes buscar en los niños de edades entre 3 y 10 años (y más grandes) que están potencialmente vinculadas al trauma.

Algunas señales de advertencia clave *emocionales* que buscar son las siguientes:

- Ansiedad incesante (por ej., tu hijo tiembla cuando tiene que prepararse para la escuela o para ir a algún lugar)
- Depresión (por ej., parece persistentemente triste y apático y no quiere hacer nada)
- Pánico (por ej., se queda paralizado, sus ojos se mueven rápidamente de un lado al otro, o comienza a llorar e intentar alejarse cuando tiene que hacer algo o ir a algún lugar)
- Temor (por ej., tiene miedo en la noche y no se duerme sin una luz encendida, o no quiere estar solo)

Sin duda, algunas veces pueden aparecer estas señales, pero no estar causadas por el trauma; sin embargo, si son consistentes y alteran la vida diaria de tu hijo, puede que estén ligadas a un grave incidente traumático. Lo mismo se aplica a todos los ejemplos de señal de advertencia de los que hablamos a continuación.

Algunas señales de advertencia clave *conductuales* que buscar son las siguientes:

- Reacciones que parecen desproporcionadas para la situación
- Hipervigilancia (por ej., está muy alerta todo el tiempo, le preocupa que vaya a suceder algo, o está muy "tenso")
- Hipo vigilancia (por ej., está paralizado emocionalmente, casi como si su cuerpo y sus sentimientos estuvieran desconectados, y cambia de ser extrovertido a retirarse socialmente y estar deprimido)
- Exceso de actividad (por ej., necesita mantenerse ocupado todo el tiempo)
- Importantes cambios de conducta (por ej., pasa de sacar buenas calificaciones a suspender, o comienza a hacerse cortes, lo cual está directamente relacionado con el control y la sensación de pensar: "al menos puedo controlar el dolor")

- Hiperagitación (por ej., está siempre moviéndose, se enoja o se altera rápidamente, los ruidos fuertes le asustan, o expresa conductas sexuales inapropiadas)
- Problemas de sueño, incluyendo insomnio, pesadillas, y terrores nocturnos
- Mayor agresividad (por ej., te golpea a ti o a un hermano, patea cosas, grita, empuja a otros niños, o dice cosas o palabras desagradables que no debería conocer a esta edad)
- Recuerdos recurrentes constantes
- Problemas de control
- Ataques de pánico
- Patrones de ser consciente de cómo se siente y después reprimir lo que siente
- Síntomas de tipo TOC
- Pensamientos e intentos suicidas
- Problemas de aprendizaje
- Hablar repetidamente acerca del evento o fingir "representar" el evento
- Berrinches o arrebatos irritables
- Se aferra excesivamente a los cuidadores y tiene problemas para separarse
- Regresar a una conducta anterior como hablar como un bebé, mojar la cama, y chuparse el pulgar

Algunas señales de advertencia clave de *sensación corporal* que buscar son las siguientes:

- Sudores nocturnos (por ej., suda excesivamente y empapa su pijama)

- Problemas digestivos (por ej., puede quejarse frecuentemente de que le duele el estómago, diarrea, hinchazón, o falta de hambre)
- Dolor inexplicable (por ej., puede enfermarse frecuentemente o quejarse de que su corazón aletea como un ave)

Algunas señales de advertencia clave de *perspectiva* que buscar son las siguientes:

- Parece "plano" y sin esperanza para el futuro, o como si estuviera deprimido y perdiendo la esperanza
- Cree mentiras acerca de sí mismo, lo cual influye en cómo piensa, habla y actúa (por ej., le grita a su muñeca y dice cosas como: "¡Eres una muñeca mala! Siempre te equivocas")
- Parece tener una sensación de temor, como si estuviera esperando que sucediera lo peor
- Tiene límites muy rígidos como modo de sentir cierto control sobre su vida
- Teme el abandono (por ej., llora cuando debes dejarlo en la guardería o sales de la casa para hacer un recado)
- Ya no le gusta correr riesgos (por ej., cuando juega libremente o juega con amigos nuevos, es muy receloso y a menudo no comparte la diversión)

PARA EDADES DE 3 A 5 AÑOS

Para comenzar el paso de Recolectar con tu hijo de edad entre 3 y 5 años, muéstrale la imagen de Cerebrito caminando por el bosque en el capítulo 6, o usa el Cerebrito de juguete (o cualquier juguete). Demuestra mediante la representación a Cerebrito acercándose a un árbol enredado y di lo siguiente: "Cuando Cerebrito mira este árbol, ve que hay un daño en su cerebro. Cerebrito se siente asustado (señal de advertencia emocional). Eso hace que todo su cuerpo tiemble

Consciencia general de los árboles de pensamientos

(señal de advertencia de sensación corporal), y por eso no quiere jugar con nadie (señal de advertencia de perspectiva). ¿Quieres mostrarme lo que crees que siente Cerebrito?". Entonces, entrega a tu hijo el juguete o la imagen de Cerebrito y deja que lo represente. Si no quiere hacerlo la primera vez, está bien; puedes demostrar algo que tú sientas, y finalmente él también lo hará.

PARA EDADES ENTRE 6 Y 10 AÑOS

Para comenzar el paso de Recolectar con tu hijo de edad entre 6 y 10 años, muéstrale la imagen de Cerebrito caminando por el bosque en el capítulo 6 y di lo siguiente: "¿Recuerdas que caminamos por el bosque con Cerebrito antes? ¿Y que había ese árbol que era grande y estaba enredado? Necesitamos prestar atención a ese árbol porque necesita ayuda, y solamente tú puedes repararlo porque éste es tu bosque de pensamientos; pero yo puedo ayudarte, de modo que vamos a acercarnos a ese árbol y comenzaremos a mirar las ramas (las señales de advertencia) para ver lo que podemos hacer". Entonces, puedes decir algo como esto: "De modo que este árbol representa cuando tu papá estaba muy enfermo y falleció. Este árbol se hizo muy fuerte porque tú estabas muy triste y confuso, y yo estaba muy triste y lloraba mucho. Fue un tiempo horrible, pero papá querría que fueras feliz otra vez y recordaras todos los buenos momentos que pasaste con él. Por lo tanto, veamos cómo podemos reparar y componer las raíces para que crezcan todos los recuerdos felices y sean más grandes y más fuertes que los recuerdos tristes en el árbol. Está bien si algunas veces quieres mirar los recuerdos tristes y llorar, y quizá incluso sentirte enojado porque papá ya no está aquí para ver todas las cosas extraordinarias que estás haciendo. Pero para ayudarte a manejar cada día y ser más fuerte, necesitamos más recuerdos saludables como los que hay en esta imagen de Cerebrito".

Cerebrito disfrutando del desarrollo de su árbol de pensamientos sanos

2. REFLEXIONAR

El paso de Reflexionar ayuda a tu hijo a identificar el modo alterado y distorsionado en el que puede ver su propio yo y la vida después de un trauma extremo. En este paso querrás ayudar a tu hijo a enfocarse con más profundidad en las señales de advertencia del Paso 1. Tu meta aquí es ayudar a tu hijo a ver a qué árbol de pensamientos apuntan las señales de advertencia.

Al trabajar en este paso, recuerda que un niño pequeño es capaz de ser introspectivo, pero todavía no tiene las habilidades metacognitivas y lingüísticas para verbalizar sus pensamientos. Por eso es importante tener juguetes, papel y lápices de colores, o materiales de arte disponibles si es posible al hacer el Neurociclaje con tu hijo para ayudarlo a expresar lo que siente. Incluso puedes utilizar paquetes y cajas y realizar el paso en tu cocina, en otra habitación de tu casa, o en tu jardín; sé creativo y flexible.

PARA EDADES ENTRE 3 Y 5 AÑOS

Dale a tu hijo de edad entre 3 y 5 años el Cerebrito de juguete u otros juguetes para responder a las preguntas, o deja que dibuje las respuestas. Incluso tú mismo puedes dibujarlas para él o con él mientras lo

Cerebrito tiene dolor de estómago.

motivas con preguntas. Es estupendo dejar que un niño de esta edad se distancie de sus señales de advertencia transfiriendo cómo se siente a un juguete, una muñeca o un dibujo.

Por ejemplo:

"Veo que tu muñeca está muy triste. ¿Por qué está triste? ¿Me lo puedes mostrar?".

"Tu muñeca tiene dolor de estómago y sus piernas tiemblan. ¿Sabes por qué?".

"Veo que tu muñeca está muy nerviosa y habla mucho. Me pregunto por qué. ¿Puedes ayudarme a entenderlo?".

Cerebrito se siente nervioso y habla mucho.

PARA EDADES ENTRE 6 Y 10 AÑOS

Puedes trabajar en este paso con tu hijo de edad entre 6 y 10 años ayudándolo a expresar en frases completas sus señales. Puedes construir varias frases para tu hijo, ya que puede que él no tenga todas las palabras que necesita a esta edad para describir cómo se siente.

Asegúrate siempre de subrayar que él es extraordinario y especial mientras haces esto. Recuérdale que no es "malo" si tiene un árbol de pensamientos feo en su cabeza, porque todos los tenemos y todos necesitamos hacer este trabajo para mejorar nuestros árboles. Recuérdale también que le sucedió algo para hacer que el árbol de pensamientos creciera ahí, y que tú estás a su lado para ayudarlo a descubrir lo que fue. También puedes mostrarle los árboles de pensamientos y las imágenes de Cerebrito en la parte 2 como ayuda para explicarlo.

Por ejemplo:

"Veo que te sientes triste muchas veces últimamente. ¿Tal vez alguien te lastimó, te dijo algo o te hizo algo? Tú no hiciste nada malo. ¿Te gustaría describirme lo que hay en el árbol?".

"Puedo darte algunas palabras para escoger, y tú puedes decirme cuál de ellas sientes más. O podemos utilizar dibujos para que me lo muestres".

"Veamos dónde te duele en el cuerpo, y tal vez podamos mirar lo que estás diciendo y haciendo y así ver cómo esas cosas están unidas a lo que sucedió".

3. ESCRIBIR/JUGAR/DIBUJAR

Al hacer con tu hijo los pasos de Recolectar y Reflexionar, asegúrate de mantener un diario para anotar tus observaciones, como mencionamos anteriormente. Eso será de utilidad si visitas a un terapeuta, si necesitas explicar algo a familia o amigos cuando sea necesario, o si se necesita algún recurso legal en potencia.

PARA EDADES ENTRE 3 Y 5 AÑOS

Tu hijo de edad entre 3 y 5 años puede usar juguetes, puede representar, o usar dibujos, arte, o imágenes recortadas para expresar cómo se siente. Puedes utilizar las cajas que explicamos en la parte 2 para esto. Tal vez tengas que hacer parte de la escritura o el dibujo con él para ayudarlo, y quizá tengas que motivarlo más a él con palabras, frases y preguntas que a niños de más edad.

PARA EDADES ENTRE 6 Y 10 AÑOS

Alienta a tu hijo de edad entre 6 y 10 años a escribir lo que quiera. Puede utilizar dibujos, arte, o imágenes recortadas, escribir palabras en un diario, o simplemente utilizar juguetes o representación. Ayúdalo entender que la sanidad es un viaje largo. Ten un diario de lo que suceda para que los dos puedan regresar y ver los logros de tu hijo y también el progreso que está haciendo. Es trabajo duro, ¡pero vale la pena!

4. RECONFIRMAR

Con el trauma, es realmente importante que no te detengas en el paso de Escribir/Jugar/Dibujar, sino que ayudes a tu hijo encontrar maneras de "reparar las ramas que están rotas". Éste es un paso sobre cómo reparar y componer, tal como hablamos en profundidad en la parte 2. Utiliza siempre la pregunta de Reconfirmar como guía: *Sucedió esto. Ahora, ¿qué podemos hacer para manejar esto?* Recuerda a tu hijo que la historia simplemente no se va. Más bien, lo ayudarás a aprender a manejar la historia.

Cuando hablé a Tim sobre esto, explicó que Reconfirmar para él se trataba de lo siguiente: "No acepto un problema sin una solución". Puedes utilizar esta descripción para ayudar a tu hijo a entender lo que necesita hacer en este paso.

PARA EDADES ENTRE 3 Y 5 AÑOS

Si tu hijo de edad entre 3 y 5 años hizo un dibujo de la situación en el paso de Escribir/Jugar/Dibujar, puedes preguntarle si puede volver a dibujar la imagen para mostrarte lo que le gustaría ver que suceda (reconceptualización). Incluso puedes motivarlo y ayudarlo a dibujar una nueva imagen o encontrar palabras nuevas para explicar la vieja imagen. Una vez más, puedes utilizar las cajas de imágenes de la parte 2. También puedes narrar mientras están dibujando para ayudarlo a explicar lo que hacen, y alentarlo a indicar con la cabeza afirmativamente o menearla negativamente para guiar lo que estás diciendo. De este modo, obtiene las palabras para expresar los cambios que quiere. También puedes hacerlo si tu hijo representó el paso 3.

A continuación, tenemos otros consejos para Reconfirmar que ayudarán a tu hijo a reconceptualizar eventos traumáticos:

> "La historia terrible está a tus espaldas. Hagamos un dibujo nuevo y creemos una historia nueva juntos".

> "Estás cambiando tu cerebro porque tienes un superpoder, y eso significa que te sentirás mucho mejor, ¡como el superhéroe Cerebrito!".

> "Hagamos una lista o dibujemos todas las cosas que ya están mejor".

PARA EDADES ENTRE 6 Y 10 AÑOS

Para niños de más edad, este paso se puede hacer con palabras, frases, dibujos, o las tres cosas. Los niños de más edad puede que quieran señalar sus propios apuntes.

A continuación, tenemos otros consejos para Reconfirmar que ayudarán a tu hijo a reconceptualizar eventos traumáticos:

> "Ya no tienes que estar asustado, porque esto ya no es un secreto. Estoy aquí para ayudarte".

> "Está bien sentirte triste ahora y entonces, porque lo que sucedió para hacerte triste no se irá; lo seguirás recordando, pero es bueno tener un plan para que así no pienses en ello por demasiado tiempo y tengas un recuerdo feliz en el que pensar cuando recuerdes esa memoria triste". (Muestra y conversa sobre la imagen de Cerebrito disfrutando del

desarrollo de su árbol de pensamientos sano en el Paso 1 arriba).

"Mira esta imagen (muestra una imagen de algo que esté roto). Muestra que todo está roto. Ahora, volvamos a dibujar la imagen con los pedazos reparados de un modo hermoso. ¡Incluso podríamos hacer una nueva imagen hermosa!". (Este es un buen momento para utilizar la actividad sobre el principio del kintsugi del que hablé en la parte 2, en el que utilizas purpurina u otra pintura hermosa o pegamento para volver a unir algo que está roto en el Paso 4).

"Encontremos soluciones diferentes para que no tengas que volver a sentirte así nunca más".

Responde a las preguntas de tu hijo acerca de sus experiencias. Tal vez te asombrará escucharlo. Son una señal de que está sintonizando con su mente inconsciente, y eso es bueno. Responde brevemente, pero con sinceridad, de modo que él lo pueda entender. Cuando tu hijo saque algo a relucir, primero pide aclaraciones para así poder entender exactamente qué le preocupa. Por lo general, los niños hacen una pregunta porque están preocupados por algo concreto. Dale una respuesta tranquilizadora. Si no sabes la respuesta a una pregunta, está bien decir: "No lo sé. Podemos intentar averiguarlo". Intenta no especular o repetir rumores delante de tu hijo.

Más abajo tenemos la hoja de Reconfirmar del Neurociclaje de Tim sobre el "temor". Él la llena y después escoge su declaración favorita para el día para usarla como su Acercamiento Activo, escribiéndola en la parte inferior de la hoja. Él ve este Neurociclaje como su generador de Acercamiento Activo. También lleva puesto un reloj que le recuerda, mediante siete alarmas diarias, cuándo practicar su Acercamiento Activo. Tú puedes hacer algo similar con tu hijo si lo deseas.

No me gusta sentirme asustado. Estos son algunos de los miedos que desearía no tener y quiero cambiar:

- ______________________
- ______________________
- ______________________
- ______________________
- ______________________
- ______________________

Haz un dibujo cambiando tu miedo a una verdad feliz. Puedes escoger cualquier final.

Yo puedo cambiar mi miedo porque los sentimientos tan solo son opiniones.
No necesito estar temeroso porque tengo...
Puedo luchar contra mi miedo con este hecho/verdad:

Hoja de Neurociclaje de Tim sobre el temor

5. ACERCAMIENTO ACTIVO

Con el trauma severo es muy importante que trabajes con tu hijo en Acercamientos Activos *sencillos* cada día. Toma algo que destacó realmente para él al hacer el paso de Reconfirmar y conviértelo en una sencilla declaración con una visualización. Establece un recordatorio para practicar este Acercamiento Activo al menos siete veces durante el día, como dijimos en la parte 2. Deja saber a tu hijo que, a medida que hace esto, estará logrando que su árbol de pensamientos sea más fuerte y más sano.

PARA EDADES ENTRE 3 Y 5 AÑOS

Estas son varias ideas para el Acercamiento Activo de tu hijo:

- Haz que tu hijo se sienta seguro con muchos abrazos o un golpecito tranquilizador en la espalda a lo largo del día. Esto le ayudará a sentirse seguro y a salvo, lo cual es importante después de una experiencia de miedo o angustia,

- Dile a tu hijo: "Cada vez que te sientas triste y te duela el cuerpo, piensa en el nuevo dibujo hermoso que hiciste".
- Deja que él escoja una pieza de ropa, como un sombrero, y dile que se lo ponga, o también un juguete para recordarle que está seguro. O puedes agarrar una imagen que a él le guste y que pueda mirar como recordatorio de que está a salvo.
- Sugiere que puede abrazarse a sí mismo, o sonreírse a sí mismo en el espejo cuando se sienta mal.
- Aliéntalo a escribir declaraciones que digan: "Yo soy/estoy..." en una hoja de papel decorada con un corazón o una estrella, o cualquier pegatina que él tenga (por ej., "Estoy seguro de mí mismo, estoy feliz, soy amable, soy valiente, soy paciente, soy querido, soy un buen amigo, estoy orgulloso de mí mismo, estoy seguro, soy extraordinario").
- Ofrécele actividades para hacer como una distracción saludable y un cambio de estado de ánimo, como construir con piezas o ayudarle a hornear y decorar galletas.
- Usa las páginas de afirmación de Cerebrito en el libro de colorear de Cerebrito si lo tienes.

PARA EDADES DE 6 A 10 AÑOS

Los niños de edades entre 6 y 10 años a menudo reciben consuelo de los hechos; el conocimiento es muy empoderador y ayuda a aliviar la ansiedad. A continuación, tenemos algunas sugerencias para ayudarte a hacer Acercamientos Activos que le ayudarán a practicar su árbol de pensamientos que acaba de reconceptualizar:

- Usa imágenes sencillas, como: "Esto fue un huracán en tu vida, pero el huracán ha pasado y ahora estamos limpiando los escombros". Puedes usar cualquier imagen que funcione.
- Haz Acercamientos Activos que estén basados en el conocimiento acerca del trauma; por ejemplo: "Esa persona te dijo cosas terribles que no eran verdad, pero parecían verdad. Estás aprendiendo a sacar eso de tu cerebro y hacer que el árbol de pensamientos esté sano".
- Ayúdalo a hacer Acercamientos Activos esperanzadores acerca del futuro. Los niños de esta edad necesitan ver el futuro para ayudarlos a recuperarse. Valoran las cosas concretas. Por ejemplo, en el caso de una guerra o un desastre natural, puedes decir: "Personas de todo el país y de todo el mundo están enviando toda clase de ayuda, como alimentos y médicos, y están ayudando a construir casas nuevas. ¡La situación cambiará!".

CONSEJOS ADICIONALES PARA AYUDAR A TU HIJO A SUPERAR EL TRAUMA

A continuación, tenemos algunos consejos adicionales que pueden resultarte útiles a medida que trabajas en el Neurociclaje con tu hijo para superar un trauma del pasado. También son Acercamientos Activos estupendos.

- Intenta evitar decir cosas como: "El tiempo cura todas las heridas", lo cual puede entenderse como que menosprecia las emociones que siente tu hijo en *ese* momento. No es que declaraciones como esa no sean verdad, pero en los momentos en que tu hijo está expresando sus emociones puede que no se sienta verdad o real, y puede ser contraproducente. Por ejemplo, si tu familia ha experimentado una pérdida y tu hijo y tú están sufriendo, esos momentos de dolor intenso no están "bien"; la clave que comunicar a tu hijo es que está bien no estar bien. Es mejor decir cosas como las siguientes: "Nada parece bien en este momento, pero procesaremos juntos estos sentimientos. Veo tu dolor, y te apoyaré y sostendré tu mano en estos momentos cuando esto es lo único que sientes". Al hacer eso, creas un espacio en el que tu hijo sabe que está seguro para expresar *cualquier* emoción que tenga y que recibirá apoyo.

- Intenta evitar decir: "Entiendo exactamente cómo te sientes", porque nunca podremos entender totalmente una experiencia que haya tenido otra persona. Puede que tú mismo atravesaste un trauma similar, pero el modo en que ves y entiendes el trauma en tu propia vida será diferente a como tu hijo ve y entiende su trauma.
- Está bien que los niños tengan historias felices y tristes. Como padres o cuidadores, con frecuencia queremos proteger a nuestros hijos de la parte mala de la vida, pero eso es imposible. Recuérdate a ti mismo que parte de tu tarea es ayudar a tu hijo a manejar sus historias tristes, no evitar que piense en ellas o las erradique.
- En la secuela inmediata del trauma, lo primero que necesitamos hacer es ofrecer apoyo a nuestros hijos, darles técnicas de descompresión, y suplir sus necesidades básicas, como consuelo físico y emocional. Enfocarte inmediatamente en intentar lograr que tu hijo exprese todos sus sentimientos y hable acerca de lo que le sucedió puede ser contraproducente. Su neurofisiología está en un estado de shock; la mente, el cerebro y el cuerpo no están en un estado racional. Si intentas resolver todo a la misma vez, es posible que la situación empeore, porque el estado mental alterado de tu hijo afectará el modo en que procesa lo que sucedió, enraizando el árbol de pensamientos del trauma más profundamente en su cerebro y su cuerpo.

16

■ ■ ■

PROBLEMAS DE IDENTIDAD

Cuando un niño pierde su sentido de identidad, puede dar como resultado sentimientos de amargura, ira, ansiedad, preocupación, autocompasión, envidia, orgullo, celos, cinismo, desesperanza, y depresión. No es simplemente que un niño sea problemático o difícil; está atravesando una crisis de identidad.

Los traumas y los retos de la vida tienden a levantar un bloque inmenso en torno a nuestra identidad: quiénes somos en lo más profundo y cómo moldeamos nuestra identidad con el tiempo. Intentar descubrir quiénes somos puede parecer una tarea interminable e incluso sin sentido; sin embargo, aunque es difícil, toma tiempo, y con frecuencia requiere algo más que un poco de ayuda, es factible. Esta es una tarea que necesitamos enseñar a nuestros hijos desde una temprana edad.

UNA HISTORIA DE IDENTIDAD

Quiero compartir una historia que escuché hace años atrás. Un día tras otro, un muchachito se sentaba sobre un muro bajo observando a un hombre que rompía poco a poco un bloque de mármol muy grande. Fascinado, finalmente reunió la valentía suficiente para preguntar al hombre por qué hacía eso, una tarea que parecía que no iba a ninguna parte. El hombre respondió: "Estoy rompiendo este bloque porque dentro hay un ángel que está esperando salir". Este hombre fue el prodigioso artista Miguel Ángel, y el ángel fue su famosa estatua de David. (Esta historia se ha atribuido a Miguel Ángel, aunque su origen exacto no se conoce).

Enseñar a nuestros hijos a encontrar y moldear su identidad puede parecerse mucho a una tarea larga y ardua; sin embargo, cuando les damos las herramientas para descubrir su propio "David", podemos ayudarles a convertir su historia en una obra de arte, algo hermoso y único para ellos.

Cada uno de nosotros tiene un modo único de pensar, sentir y decidir que produce nuestros pensamientos y experiencias singulares, y nos da una sensación de valor y autoestima. Yo lo denomino nuestro pensamiento personalizado o "factor Yo". Es el modo único en el que nuestra mente en acción (de lo que hablamos en la parte 1) trabaja mediante nuestro cerebro, produciendo nuestra identidad única y singular.

Aunque todos tenemos las mismas partes cerebrales y la misma neurofisiología, distintas partes del cerebro serán activadas y crecerán de maneras diferentes a medida que pensamos, sentimos y decidimos de modo único como respuesta a la vida.[1] Esto da como resultado la diversidad en el crecimiento resultante de dendritas en las neuronas, donde se almacenan los recuerdos (ver imágenes en el capítulo 1). Es casi como si nuestro tejido cerebral, llegando hasta el nivel de partículas y partículas subatómicas, estuviera ordenado de una manera particular acorde con nuestra habilidad personalizada para digerir y procesar la información que viene de nuestras experiencias.

El modo en que cada uno de nosotros piensa es poderoso y diferente, pero complementario con el modo en que todos los demás piensan, sienten y deciden. Cuando pensamos, creamos realidades personalizadas, y cuando operamos en estas realidades exclusivas todos se benefician porque ofrecemos al mundo algo que nadie más puede ofrecer.

NATURALEZA, CRIANZA, FACTOR YO

El marco para nuestro pensamiento e identidad personalizados se establece en nuestros genes (naturaleza), es influenciado por nuestra educación (crianza), y es *activado* por nuestro factor Yo. Esta triada da como resultado una cosmovisión, un sistema de creencias, un modo de comunicación y una conducta que son únicos.

Nuestro factor Yo es increíblemente importante; tiene lo que yo denomino "poder de veto". Puede superar nuestra crianza y desarrollar nuestra naturaleza, lo cual nos abre a todo tipo de posibilidades. Podemos aprender con nuestra mente a reconocer cuándo nuestro factor Yo está "desconectado" y recuperarlo otra vez tras una experiencia traumática o desafiante. Podemos aprender a restaurar *y* continuar cultivando nuestra identidad.

Esta es una habilidad que necesitamos enseñar a nuestros hijos desde una temprana edad, porque no podemos protegerlos de todos los elementos de la vida. Los niños, cuando operan en su modo de pensar, sentir y decidir personalizado, actúan y moldean su identidad única incluso cuando batallan, lo cual les ayuda a emplear su inspiración, creatividad, emoción, paz, bondad y alegría. Tienden a estar más autorregulados, ser más compasivos y más calmados, y tener una sensación de propósito y dirección.

Sin embargo, si la crianza no se maneja, puede moldear cómo se comporta y crece tu hijo. Sistemas de creencia cercanos, perspectivas religiosas, expectativas de la gente, redes sociales, dictados de la cultura, y relaciones e influencias tóxicas pueden todos ellos afectar el pensamiento personalizado de tu hijo, lo cual puede tener un efecto posterior en su autoestima y su identidad.[2]

PÉRDIDA DEL SENTIDO DE IDENTIDAD

Cuando un niño pierde su sentido de identidad, puede dar como resultado sentimientos de amargura, ira, ansiedad, preocupación, autocompasión, envidia, orgullo, celos, cinismo, desesperanza, y depresión.[3] No es simplemente que un niño sea problemático o difícil; está atravesando una crisis de identidad. Estos sentimientos son señales de advertencia que les hacen saber que algo no va bien y alteran sus pensamientos.

Vimos cómo se desarrollaba esto en todas las áreas de la vida de Tim (ver capítulo 14). Semanalmente, llamaban a sus padres para ir a la escuela y hablar de problemas como su falta de enfoque, conductas verbales alborotadoras, agresión a otros niños, rebeldía, negativa a completar su tarea, incapacidad para cumplir las órdenes y las reglas normales. En la casa, Tim batallaba para seguir instrucciones, recordar tareas diarias básicas, y ajustarse emocionalmente a actividades extracurriculares con otros niños. Socialmente, eso le dejó sin amigos y batallando para encontrar un lugar donde se sintiera comprendido o donde perteneciera, razón por la cual sus padres finalmente decidieron hacer la escuela en casa.

Una crisis de identidad es, en su núcleo, una crisis existencial. Es algo que debemos reconocer en nuestros hijos, validar y ayudarlos a manejar, porque llega hasta el centro mismo de su ser e influirá en lo que piensan y cómo se comportan, en su autoestima y en quiénes llegarán a ser, y cómo se aman a sí mismos.[4]

Si no se maneja, una crisis de identidad puede conducir a una sensación de vergüenza que fácilmente se cuela en todos los aspectos de la vida del niño, desencadenando importantes problemas de salud mental e incluso ideas suicidas.[5] Necesitamos recordarnos a nosotros mismos constantemente que nuestros hijos se comportan de ese modo *debido a* algo. Esa conducta no es quienes son, sino en lo que se han convertido debido a lo que les sucedió, lo cual afecta su modo de pensar, sentir y decidir personalizado. Si podemos intervenir y ayudarlos a regular sus pensamientos y recuerdos tóxicos, lo cual se manifiesta en emociones, conductas, sensaciones corporales y perspectivas dolorosas (las señales de advertencia), podemos evitar que estas señales evolucionen hacia episodios depresivos, ansiedad prolongada, ataques de pánico, episodios psicóticos, e ideas suicidas.

NUESTRO PENSAMIENTO PERSONALIZADO Y ÚNICO SE REFLEJA EN LA MENTE Y EN EL CEREBRO

Como mencionamos antes, el modo de pensar, sentir y decidir personalizado y único que se expresa en la identidad de una persona se refleja también en la estructura de su cerebro. Como observan los neurocientíficos Peter Sterling y Simon Laughlin en su libro *Principles of Neural Design* (Principios del diseño neuronal), todo el mundo tiene su propia manifestación única de doscientas áreas especializadas en la corteza del cerebro que están formadas por muchos circuitos especializados; esta es la base de la identidad única de cada persona.[6] Estos patrones únicos y singulares permiten a cada uno de nosotros hacer su propia contribución única al mundo. Estas especializaciones explican en parte por qué algunos individuos nacen con talentos innatos, como Mozart: salió del vientre de su madre con ese "algo especial" en él. Esto significa que tu hijo también salió del vientre con un "algo especial". ¡Tiene algo que aportar al mundo que ninguna otra persona puede ofrecer!

Sin embargo, cuando la identidad de tu hijo está amenazada, su modo de pensar, sentir y decidir personalizado (su mente en acción) se descarrila, y eso se muestra en el cerebro como un desequilibrio o falta de coherencia entre los dos lados del cerebro, lo cual afectará su razonamiento cognitivo y su flexibilidad; lo cual, a su vez, afectará su sentido de identidad. El cerebro es muy sensible a la mente, y esto puede verse en las ondas del cerebro (delta, zeta, alfa, beta, y gama) y las relaciones entre estas frecuencias al igual que en cómo la sangre y diferentes neuroquímicos discurren en el cerebro.[7]

Entonces, por ejemplo, cuando alguien está atravesando una crisis de identidad, eso puede reflejarse en el cerebro como baja actividad energética en el lóbulo frontal y conjuntos de energía beta elevada en el lóbulo temporal. La energía zeta también puede disminuir en el lóbulo frontal, creando asimetría entre alfa y beta, y a medida que la amplitud de elevadas ondas beta aumenta, gama tiende a disminuir.[8] Todo esto, colectivamente, puede reducir el flujo sanguíneo, y con menos flujo de sangre y oxígeno, la capacidad para pensar con claridad o racionalmente caerá en picado.[9] Las proteínas se pliegan mal dentro de los pensamientos, y se produce un caos electroquímico, lo cual activa una respuesta inmune protectora.[10] Si no se trata el problema que desencadenó todo eso en primer lugar, entonces esta respuesta puede convertirse en una respuesta autoinmune,[11] lo cual puede conducir a más daño en el cerebro y el cuerpo, aumentando la vulnerabilidad de tu hijo a la enfermedad debido a mayores niveles de cortisol y homocisteína.[12] Incluso los telómeros en los cromosomas pueden verse dañados.[13]

Por consiguiente, la habilidad de tu hijo para autorregularse se desploma, lo cual reduce su habilidad para conectar con su intuición y monitorear cómo piensa acerca de sí mismo y se habla a sí mismo. Puede volverse menos amable consigo mismo, y su sentido de autoestima disminuirá; su mente se ha abrumado con el "ruido" de pensamientos duros, no manejados e intrusivos. Esto puede dar como resultado conductas como odio hacia sí mismo, baja autoestima, querer agradar a los padres, absorber el shock, vergüenza tóxica, y mayor sensibilidad.

Por ejemplo, puede que tu hijo pase mucho tiempo en las redes sociales. Eso puede ser beneficioso en algunos aspectos, como el de conectar con amigos y familia o aprender más acerca de un tema en el que esté interesado; sin embargo, también puede tener efectos perjudiciales en su identidad si da como resultado un ciclo tóxico de comparación, haciendo que tu hijo se sienta inseguro en su propia vida debido a lo que ve hacer a otras personas.[14] Puede comenzar a pensar que hay algo intrínsecamente carente o equivocado en él, lo cual puede resultar en cambios de conducta, incluyendo mayor agresión, querer agradar a los demás, un trastorno alimentario, parecer deprimido, o ansiedad social.

LÍMITES E IDENTIDAD

Enseñar a tu hijo acerca de los límites es muy importante a la hora de ayudarlo a manejar su identidad, muy parecido a cómo enseñar a tu hijo acerca de los límites con otras personas le ayuda a entender mejor las relaciones y su comunidad. Los límites permiten a los niños explorar quiénes son de un modo seguro.

Una forma estupenda de enseñar a tu hijo acerca de los límites es dándole diferentes opciones para eventos que suceden diariamente, y permitirle escoger. Por ejemplo, cuando tu hijo quiera jugar con algo que quizá no sea seguro para él, y le dices que no puede con eso porque puede lastimarlo, ofrécele varias otras opciones y deja que él decida con qué quiere jugar. En este caso, estableciste un límite, explicaste la razón, y después le dejaste escoger lo que quería hacer en cambio, lo cual le ayudó a sentirse empoderado en un momento que tenía el potencial de influir en su sensación de autonomía e identidad aún en desarrollo.[15]

Siempre que tú, como padre o cuidador, establezcas un límite, asegúrate también de explicar el motivo. Solamente decir frases como "porque yo lo digo" tiende a vincularlo al temor al castigo, y puede enseñar a los niños que está bien invalidar las preguntas de la persona si creen que ellos saben más que la otra persona, lo cual no es un hábito saludable que fomentar.[16] Sé que esto es difícil para muchos de nosotros porque, sí, en muchos aspectos somos más inteligentes que nuestros hijos, y hemos experimentado más cosas en la vida. Sin embargo, eso no significa que tu hijo no sea su propia persona (alguien que está creciendo y aprendiendo sobre el mundo), y que debería ser alentado a hacer preguntas. De hecho, cuando le dices a tu hijo que haga algo y él te pregunta por qué, es una de las mejores oportunidades para un momento de enseñanza que ayudará a tu hijo a explorar y entender mejor su propio yo y su lugar en el mundo. Recuerda: somos expertos solamente en nuestras propias experiencias.

SIEMPRE QUE TÚ, COMO PADRE O CUIDADOR, ESTABLEZCAS UN LÍMITE, ASEGÚRATE TAMBIÉN DE EXPLICAR EL MOTIVO.

Cuando establezcas límites para protegerte a ti mismo y a tu hijo, intenta utilizar un lenguaje que no solamente haga callar a tu hijo. Por ejemplo, si tu hijo demanda tu atención, pero tú estás ocupado en una reunión o con una llamada telefónica, no intentes solamente que se vaya y deje de molestarte. Hazle saber antes de la llamada que jugarás con él cuando termines. De este modo, le harás saber que te ocuparás de sus necesidades pero que necesitas abordar las tuyas primero, lo cual es un ejemplo perfecto de límites: establece tus propios límites individuales, pero muestra también una disposición a ocuparte de las necesidades de las personas que amas.

Muchas veces, los padres se sienten saturados de trabajo y agotados, y eso surge con frecuencia del hecho de que no han establecido límites con sus hijos. Esto puede ser realmente difícil como padre o madre. Es difícil ver la línea entre educar a tu hijo y atender a sus necesidades, y operar en exceso y llegar a estar agotado. Recomiendo que hagas tu propio Neurociclaje para averiguar qué límites necesitas para operar como padre o cuidador, de modo que puedas estar ahí para tu hijo de un modo que mejore la relación y ayude a tu hijo a crecer como persona.

Una de las cosas más importantes a recordar acerca de establecer límites con tu hijo es que puedes establecer límites simultáneamente a la vez que respetas y validas la experiencia y las emociones de la otra persona. Debemos respetar el espacio, el tiempo, la privacidad y las emociones de nuestros hijos, incluso cuando sean muy pequeños, igual que queremos enseñarles a respetar nuestro propio espacio, tiempo, privacidad y emociones. Si queremos que nuestros hijos aprendan a establecer límites saludables con otras personas, necesitan "practicar" estableciendo límites con las personas con las que se sienten seguros: con nosotros. Por eso es tan importante practicar el sintonizar con tu hijo y escuchar lo que le parece bien o no le parece bien.

Entiendo que eso puede ser difícil de hacer, de modo que tómalo día a día. Hay muchas ocasiones en las que necesitamos imponer nuestra voluntad con nuestros hijos para su propio aprendizaje y crecimiento, como hacer que los niños se cepillen los dientes, se pongan los zapatos, o se laven las manos.

Sin embargo, en ocasiones, las partes necesarias de la crianza de los hijos pueden anular la voluntad del niño de maneras que son innecesarias. Hay veces en las que es mejor intentar enseñar a nuestros hijos acerca de los límites respetando sus propias limitaciones y límites. Por ejemplo, a algunos niños pequeños puede que no les guste mucho el toque físico incluso por parte de sus propios padres, ¡y eso está bien! Como padres y madres, necesitamos respetar sus límites de espacio físico a medida que ellos averiguan lo que necesitan en el momento, incluso cuando nos resulte difícil entender exactamente lo que está sucediendo. La clave es estar al lado de tu hijo y dejarle saber que puede acudir a ti si tiene un problema. Crear un espacio seguro para que tu hijo sienta que puede explorar quién es y lo que quiere es de fundamental importancia.[17]

Aunque los niños puede que no comprendan totalmente el concepto de los límites, son muy conscientes de que hay ciertas cosas que no les gustan, las cuales pueden cambiar con el tiempo. Cuando respetas el espacio de tu hijo y le dejas saber que quieres que explore quién es y lo que quiere, estás ayudando a infundir seguridad en sí mismo, y le haces saber que está bien expresar sus necesidades o sus límites.[18] Esto también enseña a los niños desde una temprana edad que está bien decir no, lo cual les ayudará a aprender el valor del consentimiento.

Un modo estupendo de explicarle esto a tu hijo es pensando en voz alta acerca de lo que le dirías a alguien que te grite o te diga cosas feas. ¿Cómo le dirías a esa persona que no puedes estar de acuerdo con ella? Trabaja en un ejemplo como ese con tu hijo, y después explícale que establecer límites con sus pensamientos es parecido, excepto que lo hace con sus pensamientos negativos en lugar de hacerlo con otra persona. Por ejemplo, cuando Tim se decía a sí mismo frases como: *Soy un niño difícil,* las cambiaba y decía: *No, no eres difícil. Has atravesado cosas difíciles a manos de personas que debían amarte. Ellos son los difíciles.*

UNA CRISIS DE IDENTIDAD NO MANEJADA PUEDE TENER EFECTOS PERSISTENTES

La investigación reciente demuestra que el sentido de identidad del niño se desarrolla desde edades tan tempranas como cuatro años, y potencialmente incluso antes.[19] La idea de que los niños pequeños piensan en sí mismos solamente de modos concretos y, contrariamente a los adultos u otros niños de más edad, no son capaces de razonar acerca de sus características o de su autoestima e identidad como individuos es incorrecta. Como mencionamos anteriormente, los niños tienen mucha más perspectiva de la que anteriores investigaciones han mostrado. Esto significa que su identidad es más maleable y más influenciable por lo que experimentan de lo que solíamos entender o creer.

Las identidades de los niños pequeños son moldeadas por todo y por todas las personas que les rodean. Esto significa que no están enfocados exclusivamente en conductas y resultados concretos, como: *Hice un dibujo muy hermoso*, sino que son capaces de pensar acerca de sí mismos en términos de características y habilidades generales, como: *Sé dibujar bien*. También son capaces de formar una opinión y tener perspectiva de su propia valía como individuos basándose en lo que experimentan, como: *Soy un buen muchacho porque hago y digo ______*.[20] Sin embargo, es importante recordar que, igual que los niños pueden entender y pensar positivamente acerca de sí mismos, también pueden pensar negativamente y desanimarse cuando batallan o sienten que han fracasado.[21]

Las implicaciones de esta investigación tienen dos vertientes. En primer lugar, los niños son capaces de entender y razonar con sus emociones a una edad muy temprana, lo cual significa que *necesitamos* ayudar a nuestros hijos de modo proactivo y continuo a procesar lo que está sucediendo en su vida a fin de preservar y cultivar su identidad. En segundo lugar, si no ayudamos a nuestros hijos de modo proactivo a procesar y manejar sus experiencias en la vida, al igual que su perspectiva y su razonamiento, su identidad puede verse afectada. Necesitamos recordarnos a nosotros mismos continuamente que la perspectiva de un niño acerca de su propio yo dependo, y es moldeada, por las personas que hay en su vida *y* su limitada experiencia en la vida.

La capacidad de los niños pequeños de razonar flexiblemente acerca de sus habilidades y su sentido de autoestima y de identidad es impulsada según el contexto. Esto significa que es influenciada por sus experiencias (los recuerdos dentro de los pensamientos) *y* las personas que hay en su vida. Como resultado, necesitamos ser muy cuidadosos con las palabras que escogemos para describir las conductas de nuestros hijos, específicamente cuando utilizamos frases que comienzan con "tú eres". Las palabras y las frases que escogemos pueden dirigir a nuestros hijos por el camino equivocado, porque nuestros hijos creen generalmente lo que nosotros les decimos.[22]

Cuando utilizamos frases que comienzan con "tú eres", nuestros hijos pueden razonar y pensar que ese es el único modo en que *pueden* actuar, y lo convierten en una parte de cómo identifican su propio yo. Por lo tanto, en lugar de ver terquedad o agresividad como una reacción conductual a una situación, por ejemplo, tu hijo puede pensar en cambio que es parte de quién es él: algo a lo que no puede escapar. Además, cuando recibe un refuerzo negativo para esas conductas, puede que razone: *Soy malo y no puedo evitarlo. Mis padres me están diciendo esto, y están enojados y me culpan o me castigan, de modo que debo ser malo.*

CUANDO UTILIZAMOS FRASES QUE COMIENZAN CON "TÚ ERES", NUESTROS HIJOS PUEDEN RAZONAR Y PENSAR QUE ESE ES EL ÚNICO MODO EN QUE *PUEDEN* ACTUAR, Y LO CONVIERTEN EN UNA PARTE DE CÓMO IDENTIFICAN SU PROPIO YO.

Por eso necesitamos escoger nuestras palabras con mucho cuidado, y asegurarnos de no estar definiendo a nuestros hijos con negatividad o mediante la negatividad. Más bien, necesitamos mostrarles que el modo en que se están comportando ahora no define quiénes son para siempre. En lugar de decir: "Eres muy difícil" si tu hijo no quiere ponerse los zapatos, puedes decir algo como esto: "Veo que no quieres ponerte los zapatos. No es porque seas malo, así que debe haber un motivo. ¿Puedes ayudarme a entender por qué?". Expresar de ese modo tu respuesta apela al razonamiento cognitivo de tu hijo, y le da la oportunidad de desarrollar su flexibilidad mental y cultivar su identidad de modo constructivo.

Las frases que comienzan con "tú eres" derriban la identidad del niño, pero las frases que dicen: "te comportas de este modo por una razón" construyen un razonamiento saludable y flexible que mejora y no ataca el sentido de identidad en desarrollo de tu hijo. Le alienta a verse a sí mismo desde otra perspectiva, lo cual es extraordinario para su crecimiento mental y su resiliencia. Le dice: "Está bien. Sé que tú no eres realmente así. Trabajemos juntos en por qué te sientes de este modo". Esto edifica el sentido de autonomía y empoderamiento de tu hijo, lo cual es un aspecto crucial del desarrollo de la identidad.

CRIANZA EN RED DE SEGURIDAD Y CRIANZA EN HELICÓPTERO

Para ayudar a nuestros hijos a desarrollar este sentido de autonomía y cultivar la identidad, como padres y cuidadores necesitamos saber cómo involucrarnos en las vidas de nuestros hijos sin asfixiarlos. La "crianza en helicóptero" adopta un interés sobreprotector o excesivo en la vida del niño. Es el tipo de crianza que ensombrece al niño, dirigiendo cada uno de sus movimientos y llenando cada uno de sus momentos. No le da el tiempo a solas suficiente para jugar o crecer libremente; la crianza en helicóptero arrebata al niño oportunidades de aprender y desarrollar habilidades y hábitos saludables en la vida.[23]

Este tipo de crianza influye en el crecimiento mental del niño, enviando el mensaje que dice: *Mis padres no confían en mí para que haga esto yo solo, de modo que debe haber en mí algo faltante o erróneo.* Esto puede afectar su autoestima, especialmente si el padre o el cuidador está siempre ahí para reparar su caos en lugar de enseñar al niño: "Está bien cometer un error, y así es como puedes mejorar las cosas". El niño nunca aprenderá a lidiar con la pérdida, la decepción o el fracaso, lo cual influye en su desarrollo mental a medida que crece.[24] Muchos estudios han descubierto que la crianza en helicóptero puede hacer que el niño se sienta menos competente cuando tiene que lidiar y manejar por sí mismo los estreses de la vida. Se ha relacionado con niveles más elevados de ansiedad y depresión en niños, lo cual puede empeorar a medida que progresa hacia la edad adulta a menos que se maneje.[25]

Hay muchos motivos por los cuales los padres adoptan este estilo de crianza, entre los que se incluyen un temor al futuro o al mundo, o la necesidad de proteger a los niños de daños que ellos mismos pudieron experimentar en su crecimiento. En muchos casos, los adultos que se sintieron poco amados, descuidados o ignorados cuando eran niños puede que quieran compensarlo en exceso con sus propios hijos; sin embargo, el niño captará esas inseguridades, y entonces necesitará intentar utilizar su experiencia limitada para interpretar esas señales. Desgraciadamente, su reacción por defecto puede ser culparse a sí mismo de algún modo debido al deseo de agradar a sus padres, lo cual, a su vez, afectará su sentido de identidad a medida que crece.[26]

Es mucho mejor adoptar un estilo de crianza "de red de seguridad". Este tipo de crianza hace espacio para que el niño batalle, le permite sentirse defraudado y molesto, y después le ayuda a trabajar en sus sentimientos con seguridad y sin crítica.[27] Enseña al niño a tener una mentalidad que aprende y crece, y no tiene miedo al fracaso. Está definida por una sensación que piensa: *Esto es lo que no funciona, y está bien. Vamos a repararlo, aprender, y crecer.* Este tipo de crianza busca oportunidades para permitir que los niños hagan lo que son capaces de hacer físicamente y mentalmente; da un paso atrás, pero permanece en la habitación a su lado. Ayuda al niño a cultivar su propia valía y resiliencia, lo cual, a su vez, lo ayuda a moldear su propia identidad.

Para entender este estilo de crianza, imagina que tu hijo está aprendiendo a ser un acróbata. Tú le observas con nerviosismo subirse a lo más alto de la escalera, y dar saltos periódicamente sobre los peldaños. Entonces observas cómo se sitúa en el saliente diminuto, a punto de lanzarse a un columpio o a caminar por la cuerda floja. Mírate a ti mismo como la red de seguridad que hay abajo; tienes los brazos muy abiertos para agarrar a tu hijos si se cae, pero solamente después de que él batalló y lo intentó. Está ahí para ahorrarle el abatimiento y que pueda rebotar otra vez para intentarlo de nuevo. Tú eres el cimiento que le da la valentía para continuar: para seguir practicando el caminar por la cuerda floja, dar saltos en el aire, o realizar hazañas gimnásticas espectaculares.

Eliminar todos los retos y mimar en exceso a un niño le hará sentirse frustrado y con derechos, lo cual entorpecerá su desarrollo y crecimiento mental. Por otro lado, cuando le enseñas a aceptar los retos que enfrenta y a procesar y reconceptualizar lo que está atravesando, le ayudas a desarrollar su carácter y a encontrar la grandeza que está en su interior: su don único y singular para el mundo.

17

PROBLEMAS DE IDENTIDAD Y EL NEUROCICLAJE

Es fácil y común para cualquiera, los niños incluidos, entrar y salir del modo en que se entienden a sí mismos. La clave está en ayudar a tu hijo a tener preparado un plan mental para cuando sí experimente momentos de crisis personal y que esos sentimientos no tomen el control y se apoderen de su sentido de identidad.

Recuerda que, cuando trabajas en un Neurociclaje de identidad con tu hijo, recomiendo que anotes tus observaciones y perspectivas en un diario.

Para edades entre 3 y 5 años: por lo general, un niño pequeño ve quién es él mediante cómo lo perciben otros; tú eres como un espejo para él.[1] Los niños comienzan a incorporar ese "reflejo" en sí mismos y en su identidad desde temprana edad, razón por la cual recomiendo utilizar el Neurociclaje primero contigo mismo antes de reaccionar a tu hijo, de modo que puedas llegar a ser más consciente de lo que reflejas a tu hijo y manejarlo. Siendo yo mamá de cuatro hijos, sé de primera mano cuán fácil es llegar a estar alterado y ser reactivo, decir o hacer algo que más adelante lamentarás. Todos necesitamos un poco de ayuda algunas veces.

Para edades entre 6 y 10 años: los niños más grandes tienden a valorar más a su grupo de iguales, y eso influirá en cómo se ven a sí mismos.[2] La conexión con sus iguales es muy importante para ellos. En este momento de su vida necesitamos asegurarnos de no comparar a nuestros hijos con sus amigos, hermanos, sus iguales o sus primos, ya que eso puede tener una influencia negativa en cómo se ven a sí mismos. Los niños en este grupo de edad también necesitan tener muchas conversaciones abiertas, que les ayudarán a aprender a usar palabras y frases para describir quiénes son, lo que les gusta y no les gusta, lo que creen, sus actividades favoritas, etc.

1. RECOLECTAR

Con tu hijo, usa el personaje de Cerebrito para indicarle y hacer preguntas mientras recolecta sus señales de advertencia.

A continuación, algunas sugerencias sobre cómo hacerlo:

- Observa a tu hijo. ¿Está expresando señales de advertencia emocional como un patrón, tales como ira constante, ansiedad, preocupación, autocompasión, envidia, orgullo, celos, cinismo, o desesperanza? ¿Hasta qué punto? ¿Cuánto tiempo ha estado sucediendo eso?
- ¿Cómo han cambiado sus conductas? ¿Hasta qué grado y por cuánto tiempo?
- Recolecta cualquier señal de advertencia de sensación corporal relacionada que tu hijo esté experimentando, como dolor

de cabeza, palpitaciones, o problemas digestivos. ¿Hasta qué grado? ¿Cuánto tiempo se ha producido este patrón?

- ¿Cuál es su actitud hacia sí mismo? ¿Cómo se ve a sí mismo?

Usa estas indicaciones para dar forma a tus preguntas y ayudar a tu hijo a Recolectar cómo se siente consigo mismo.

PARA EDADES ENTRE 3 Y 5 AÑOS

- Usando su caja de señal de advertencia emocional (ver parte 2), pide a tu hijo que tome una imagen que muestre cómo se siente consigo mismo; por ejemplo, podría ser una imagen de alguien que pone una cara enojada frente al espejo.
- Usando su caja de señal de advertencia conductual, pide a tu hijo que saque una imagen que muestre lo que está haciendo que indica que está enojado consigo mismo; por ejemplo, podría ser una imagen de una persona gritando a otras personas.
- Usando su caja de señal de advertencia de sensación corporal, pide a tu hijo que saque una imagen que muestre dónde tiene dolor en su cuerpo. Podía ser una imagen de alguien con dolor de cabeza.
- Usando su caja de señal de advertencia de perspectiva, pide a tu hijo que agarre los lentes de sol que sienta que representan mejor cómo se siente consigo mismo en ese momento.

PARA EDADES ENTRE 6 Y 10 AÑOS

- Usando su caja de señal de advertencia emocional, pide a tu hijo que tome una imagen, palabra o frase que explique mejor cómo se siente consigo mismo.
- Usando su caja de señal de advertencia conductual, pide a tu hijo que saque una imagen, palabra o frase que explique mejor

lo que está haciendo y que muestre cómo se siente consigo mismo.

- Usando su caja de señal de advertencia de sensación corporal, pide a tu hijo que saque una imagen, palabra o frase que explique mejor cómo el modo en que se siente conmigo mismo se refleja en su cuerpo.
- Usando su caja de señal de advertencia de perspectiva, pide a tu hijo que saque una imagen, palabra o frase que explique mejor su actitud hacia sus amigos, la escuela, sus hermanos, la vida en general, etc.

2. REFLEXIONAR

A continuación, tenemos algunas indicaciones mientras haces el Paso 2 del Neurociclaje con tu hijo para entender cómo se percibe a sí mismo y su valía.

- ¿Hay algún patrón en estas señales de advertencia?
- ¿Cuándo comenzaron?
- ¿Por cuánto tiempo se han estado produciendo?
- ¿Puede tu hijo relacionar algún cambio específico en su vida con el momento en que comenzaron a aparecer esos patrones?
- ¿Parece que tu hijo se siente avergonzado de sí mismo o mal consigo mismo? ¿Por qué?
- ¿Parece tu hijo estar batallando para encontrar un sentido de significado y de pasión?
- ¿Qué crees que ha sucedido en su vida (cuál es la historia) para afectar su identidad?

PARA EDADES ENTRE 3 Y 5 AÑOS

Puedes preguntar a tu hijo:

- "Si los juguetes pudieran hablar, ¿qué dirían acerca de ti?".
- "¿Cómo te sientes cuando te doy un abrazo?".
- "¿Puedes dibujar lo que hay en tu cabeza en este momento?".
- "¿Qué crees que vas a soñar esta noche?".
- "¿Qué es lo que más te gusta (sonidos, juegos, personas, alimentos, actividades, etc.)? ¿Por qué?".

PARA EDADES ENTRE 6 Y 10 AÑOS

Puedes preguntar a tu hijo:

- "¿Estás batallando para descubrir lo que te gusta?".
- "¿Qué crees que sucedió en tu vida para afectar cómo te ves a ti mismo?".
- "Veo que pareces menos motivado y emocionado acerca de la vida, la escuela y las amistades últimamente. ¿Por qué crees que te sientes así? ¿Puedo ayudar de algún modo?".
- "¿Qué está ocurriendo que te hace sentirte mal contigo mismo?".
- "Piensa en todas las cosas que te gusta hacer y se te dan bien. ¿Puedes enumerar esas cosas? En caso negativo, ¿por qué?". (Intenta ver si batalla para responder o ya no tiene ninguna respuesta).
- "¿Por qué crees que está sucediendo esto?".
- "¿Por qué quieres ser como esa otra persona?".

3. ESCRIBIR/JUGAR/DIBUJAR

Cuando hagas con tu hijo los pasos de Recolectar y Reflexionar, asegúrate de anotar tus observaciones en un diario, como mencionamos anteriormente. Esto será útil si acudes a un terapeuta, si necesitas explicar algo a familia y amigos, o si necesitas ayuda para organizar tus propios pensamientos y así poder entender mejor lo que tu hijo está atravesando y cómo poder ayudarlo. A continuación, hay algunas indicaciones a medida que haces el Paso 3 del Neurociclaje con tu hijo para captar y desarrollar más perspectivas sobre cómo se percibe a sí mismo y su valía.

PARA EDADES ENTRE 3 Y 5 AÑOS

Deja que tu hijo dibuje, represente, o use imágenes relacionadas con lo que recolectó y en lo que reflexionó para organizar sus pensamientos y descubrir más acerca de cómo se siente. Puedes ayudarlo a hacer eso tomando cada una de las imágenes o palabras que él sacó de las cajas de señales de advertencia en el Paso 1 y pegarlas en el diario. Entonces, puedes ayudar a tu hijo a añadir más imágenes o palabras a medida que piense en más cosas relacionadas con cómo se siente. También puedes preguntar a tu hijo si quiere representar eso con sus juguetes.

Deja que tu hijo te guíe y te diga cuánta ayuda necesita. Recuerda practicar la crianza de red de seguridad; puede ser muy tentador intervenir antes de que tu hijo pida ayuda, de modo que intenta resistirte a ese impulso. Tu hijo no tiene que jugar, escribir o dibujar mucho en cada sesión. Tendrás mucho tiempo para ayudarlo a aprender a manejar y cultivar su identidad, de modo que no intentes apresurar el proceso.

PARA EDADES ENTRE 6 Y 10 AÑOS

Deja que tu hijo ponga en un diario las imágenes, palabras o frases que sacó de las cajas de señales de advertencia, y después pídele que escriba una frase con respecto a cada una. También puede añadir o dibujar imágenes si quiere. Alienta a tu hijo a escribir o dibujar cualquier cosa que llegue a su mente con respecto a cómo se siente consigo mismo. Brinda toda la ayuda que quiera. Permite que él te guíe.

4. RECONFIRMAR

En el Paso 4 ejercita algunas maneras que creas que ayudarán a tu hijo a verse a sí mismo de modo diferente, e intenta encontrar un ejemplo de tu propia vida para que te ayude a explicarlo. Este es un modo estupendo de conectar con tu hijo, y le ayudará a comprender que tú también has batallado con cómo te ves a ti mismo. Esto le ayudará a ver que este tipo de batallas son una parte normal de ser humano.

A medida que realizas este paso, recuerda la discusión en el último capítulo acerca de las frases que comienzan con "tú eres" y cómo pueden derribar la identidad de un niño. Enfócate en cambio en frases que comienzan con: "Te estás comportando así por una razón", lo cual ayuda a cultivar un razonamiento flexible y alienta a tu hijo a verse a sí mismo desde otra perspectiva.

No olvides anotar o dibujar cualquier cosa de la que hablen y reconceptualizarla con tu hijo en el paso de Reconfirmar. Este es un esfuerzo de colaboración entre tu hijo y tú, de modo que puedes anotar lo que sientas que es importante, y tu hijo puede ayudar con palabras, frases y/o dibujos.

PARA EDADES ENTRE 3 Y 5 AÑOS

- Ayuda a tu hijo a mirar más de cerca lo que descubrió en los Pasos 1 al 3 para comprobar si hay algún patrón subyacente, y que así pueda reconceptualizar el árbol de pensamientos que está dando forma a lo que piensa, dice y hace. Por ejemplo, puedes decirle a tu hijo algo como lo siguiente: "Puedo ver que te enojas si tu hermano no te permite ser el jefe del juego. ¿Y si dejamos que tu hermano juegue su manera primero y después tú le muestras cómo quieres jugar a tu manera?". Al hacer eso, ayudas a tu hijo a observar que está motivado por un deseo de eficiencia y eficacia, y su fortaleza podría estar en su capacidad increíble de organizar juegos o proyectos. Solamente necesita pensar en mejores maneras de hacer eso en lugar de enojarse, con lo cual tú puedes ayudarlo.

- Puedes ayudarlo a entender mejor por qué hay un límite. Por ejemplo, puedes decir: "Puedo ver que te molesta esperar hasta que yo termine con lo que estoy haciendo, y lamento que te moleste, pero es importante que yo termine mis cosas. ¿Hay algo que puedes hacer mientras me esperas?". Ayúdalo a convertir su frustración en una actividad constructiva que le haga feliz y conecte con su identidad (por ej., algo que le guste hacer). También puedes decir algo como esto: "Puedo ver que te entristece que yo quiera ver mi programa durante un rato, pero necesito hacer ciertas cosas que me hacen feliz, igual que es importante para ti hacer cosas que te hacen feliz. ¿Qué te gustaría hacer mientras yo estoy ocupado?". Esto le ayudará a ver que tú eres diferente a él, pero también necesitas hacer cosas que son importantes para ti y te ayudan a sentirte más "tú mismo", igual que ciertas cosas le hacen sentir más como él es. Podrías decir: "Puedo ver que estás enojado porque apagué el televisor, y quiero que te sientas seguro expresando esos sentimientos, pero es hora de irse a la cama. Podrías estar muy cansado si no duermes lo suficiente". Cada niño tiene una identidad social, que es cómo percibe sus diversos roles en la sociedad en relación con los demás. Los niños derivan un sentido de orgullo, autoestima y consistencia de sus identidades sociales, de modo que es importante alentarlos a realizar este tipo de reconfirmación de límites.

PARA EDADES ENTRE 6 Y 10 AÑOS

Con tu hijo de 6 a 10 años, puedes preguntarle si le gustaría responder las preguntas de Reconfirmar a solas o si quiere que tú le ayudes.

Dile algo como lo siguiente: "Sé que se te dará muy bien encontrar las respuestas a estas preguntas. Yo te ayudaré solamente si lo necesitas".

Por ejemplo, puedes decir cosas como estas:

"Está bien; estar enojado (o como se sienta) no es como tú eres realmente. Trabajemos juntos en por qué te sientes de este modo".

"Observo que algunas veces sientes muchos celos (o cualquier otra emoción que tenga) en situaciones como esta. Cuando te sientes así, puedes hacerte a ti mismo preguntas como estas: *¿De qué exactamente estoy celoso? ¿Por qué? ¿Qué puedo aprender de la persona de la que siento celos? ¿Por qué este amigo o situación en particular me hace sentir celos? ¿Qué puedo hacer al respecto? ¿De qué estoy orgulloso y quiero verme a mí mismo hacer más?* Yo hago eso todo el tiempo cuando me siento celoso, ¡y realmente me ayuda!".

"¿Y si en lugar de compararte con esas personas, te preguntas por qué quieres o sientes la necesidad de compararte con ellos?"

Al trabajar en este paso con tu hijo, tal vez te resulte útil enseñarle a comenzar a identificar fallos y errores comunes que podría estar cometiendo y que son parte de su crisis de identidad. Haz hincapié en que no es un ejercicio para avergonzar; más bien, está llegando a conocerse mejor a sí mismo, y esto le ayudará. Puedes explicarle que algunas veces nuestros mayores fallos (los errores que cometemos) están relacionados con nuestras mayores fortalezas. Son las cosas que hacemos bien pero que están canalizadas en la dirección equivocada. Si identificamos lo que va mal, podemos enderezar las cosas utilizando nuestro superpoder del Neurociclaje.

Por lo tanto, basado en el ejemplo anterior, puedes decir algo como lo siguiente: "Veo que te sientes irritado mucho con tu hermano cuando él hace las cosas a su manera y no como tú quieres. Creo que se debe a que de veras te gusta que las cosas estén muy organizadas y te gusta planear el juego. Eso es en realidad algo que eres capaz de hacer muy bien, pero ¿puedes ver que irritarte con tu hermano hace que el juego sea menos divertido? ¿Y si le explicas a tu hermano amablemente para que escuche cómo pueden hacer que el juego sea más divertido? Tal vez puedes decirle cómo planeas hacerlo. ¿Intentamos hacerlo juntos? Yo puedo ayudarte si quieres".

A continuación, hay algunos otros ejemplos de declaraciones reconceptualizadas que puedes utilizar:

> *Eres demasiado sensible.* = "Eres consciente y honras tus emociones porque son válidas. No hay nada de malo en sentir profundamente".
>
> *Eres agresivo.* = "Eres apasionado, pero no siempre lo expresas correctamente. Por fortuna, estás aprendiendo a hacerlo, ¡y estás mejorando cada día!".
>
> *Siempre haces eso.* = "Has hecho esto en el pasado, pero ahora estás aprendiendo qué hacer y qué no hacer. ¡Tu pasado no define tu futuro!".
>
> *Eres inútil.* = "Tú no eres la definición de útil que tiene otra persona. Tú defines lo que es útil para ti".
>
> *Nadie podrá amarte con todos tus sentimientos.* = "Las personas adecuadas te amarán como tú eres y por lo que puedes ofrecer al mundo. ¡Eres especial!".

No sabes hacer nada bien. = "Sabes que cometes errores, igual que todo el mundo, y ves esos errores como oportunidades de aprendizaje".

5. ACERCAMIENTO ACTIVO

Con tu hijo, crea una frase o acción sencilla que pueda hacer o decir que le ayudará a practicar lo que aprendió en el paso de Reconfirmar. Cuando tu hijo lo haya pensado, crea un recordatorio para indicarle que lo diga o lo haga al menos siete veces al día, lo cual le ayudará a practicar el nuevo pensamiento, haciendo que ese árbol de pensamientos esté sano y fuerte.

Recuerda: los Acercamientos Activos son recordatorios de crecimiento progresivos y diarios para ayudar a tu hijo a impulsar su cerebro cambiante en la dirección correcta y llegar a tener más seguridad en sí mismo.

PARA EDADES ENTRE 3 Y 5 AÑOS

Con tu hijo de 3 a 5 años intenta comenzar con algo sencillo y seguir adelante desde ahí. Un Acercamiento Activo de identidad para un niño de este grupo de edad el día 1 del Neurociclaje podría ser tan sencillo como esto: "Ya no tengo que estar enojado más porque soy una persona muy especial". El día 2 podría progresar hacia: "Mis juguetes dicen que soy muy bueno y aprendo las cosas muy rápido". El día 3 podría ser: "Puedo ayudar a mi mamá en casa organizando mis juguetes; puedo hacer muchas cosas", etc.

PARA EDADES ENTRE 6 Y 10 AÑOS

Con tu hijo de 6 a 10 años, comienza también con algo sencillo y factible. Intenta no abrumar a tu hijo. Recuerda: ¡hay tiempo! El desarrollo de la identidad no es algo que se pueda apresurar.

En el Acercamiento Activo de identidad para este grupo de edad, el día 1 del Neurociclaje podría ser tan sencillo como esto: "Soy consciente de que mirar las vidas de otras personas me hace sentirme mal conmigo mismo". El día 2 podría progresar hacia: "Realmente me siento muy triste cuando comparo mi vida con las vidas de otras personas, de modo que voy a enfocarme por una semana en mí mismo y lo que me gusta, y comprobar cómo me siento", etc.

CONSEJOS ADICIONALES PARA AYUDAR A TU HIJO A SUPERAR UNA CRISIS DE IDENTIDAD

A continuación, tenemos algunos consejos adicionales que tal vez te resulten útiles a medida que trabajas en el Neurociclaje con tu hijo para ayudarlo a descubrir y dar forma a su identidad. También son indicaciones estupendas para Acercamientos Activos.

- Evita señalar los errores de tu hijo para hacerlo sentir mal, y guiarlo hacia una conducta mejor mediante la culpa. Esto no es productivo y hará que se sienta avergonzado. En cambio, enfócate en las lecciones que ha aprendido de sus errores del pasado sin criticar. Un modo estupendo de hacerlo es mostrar que tú has aprendido también de tus propios errores.
- Recuerda que es fácil y común para cualquiera, los niños incluidos, entrar y salir de cómo se entienden a sí mismos. Es realmente difícil no ser afectado por las opiniones de las personas y por el mundo en el que vivimos. No siempre comprenderemos quiénes somos, y eso está bien. La clave está en ayudar a tu hijo a tener preparado un plan mental para cuando sí experimente momentos de crisis personal, de modo que esos sentimientos no se apoderen de él y consuman su sentido de identidad.
- Recuérdate a ti mismo que lo estás ayudando a encontrar *su* identidad, no quien a ti te gustaría o quisieras que fuera, o quién crees *tú* que es.

18

■ ■ ■

INTERACCIONES SOCIALES

Sin importar cuánto intentemos preparar a nuestros hijos para los altibajos de la vida, hay muchas cosas que pueden dañar, especialmente cuando interactúan con otras personas que tienen sus propias batallas mentales, razón por la cual dar a nuestros hijos un conjunto de herramientas mentales para abordar estos problemas desde una temprana edad es muy valioso.

Las interacciones sociales son increíblemente variadas y complejas. Pueden ser desafiantes incluso para una persona adulta. Imagina ahora que eres un niño y que sigues aprendiendo acerca del mundo e intentando entender lo que sucede a tu alrededor. ¡Las interacciones sociales pueden ser difíciles! Por fortuna, puedes utilizar los pasos del Neurociclaje para calmar a tu hijo cuando esté batallando en una situación social en particular o para lidiar con los efectos más a largo plazo de una situación social negativa, como sufrir acoso escolar.

Recuerda: el Neurociclaje se puede utilizar para problemas inmediatos y también crónicos. Para batallas del día a día puedes utilizar los 5 Pasos para ayudar a tu hijo a calmarse y organizar sus pensamientos en el momento. Para situaciones que se han estado produciendo durante periodos de tiempo más largos, como acoso escolar o burlas, esas batallas se mostrarán en un patrón de señales de advertencia y puede que requieran que hagas el Neurociclaje durante varios periodos de 63 días.

Es increíblemente útil tener preparado un sistema para ayudar a tu hijo a manejar sus interacciones sociales, porque esta es una de las principales áreas que pueden afectar la salud mental del niño. Sin importar cuánto intentemos preparar a nuestros hijos para los altibajos de la vida, hay muchas cosas que pueden dañar, especialmente cuando interactúan con otras personas que tienen sus propias batallas mentales, razón por la cual dar a nuestros hijos un conjunto de herramientas mentales para abordar estos problemas desde una temprana edad es muy valioso.

Peleas con amigos, experimentar un primer amor y una primera decepción, no cumplir con sus propias expectativas y las de otras personas, y otros tipos de presiones sociales no pueden evitarse; sin embargo, podemos ayudar a nuestros hijos a aprender a manejar esas experiencias, ¡y es lo que te estoy enseñando a hacer en este libro! Una de las mejores cosas que podemos hacer es intentar escuchar y reconocer la tristeza, el enojo o la frustración de nuestros hijos a medida que se abren camino en sus relaciones con otras personas, y acompañarlos para que acepten (Recolectar), procesen (Reflexionar y Escribir/Jugar/Dibujar) y reconceptualicen (Reconfirmar y Acercamiento Activo) los sentimientos específicos que surgen para encontrar la raíz del problema y hacer que las cosas sean mejores y más manejables para que así no afecten su paz mental.

ACOSO ESCOLAR

Como mencioné anteriormente, hay situaciones sociales que requieren mucha más defensoría e intervención, como el acoso escolar, que es dañino a nivel físico, mental y emocional. Desgraciadamente, esto es algo que muchos niños experimentan o en lo que participan. Puede ser dañino para su bienestar en el corto y el largo plazo, y en todos los casos nunca debería ignorarse o reprimirse.

Esto incluye el acoso que se experimenta en el Internet. Desde la llegada de las redes sociales, el ciberacoso se ha convertido en un problema importante también para los niños. Los padres de niños que sufren acoso en el Internet con frecuencia no son conscientes de todo lo que está sucediendo, e incluso si lo son, puede ser difícil intervenir.

Según estadísticas recientes, "globalmente, uno de cada tres niños ha sufrido acoso en los últimos 30 días".[1] Los niños pequeños expuestos al acoso pueden sufrir consecuencias educativas, sociales y de salud, que con frecuencia perduran hasta bien entrada la edad adulta.[2] El acoso es una forma de trauma que conecta muy de cerca con el modo en que un niño se identifica a sí mismo dentro del mundo y con los demás, cómo forma o establece relaciones, y cómo aprende a confiar o desconfiar de las personas.[3]

La prevención del acoso es un esfuerzo comunitario, y requerirá que padres, educadores, y otros miembros de la comunidad trabajen juntos de modo holístico. Realmente se necesita un pueblo (padres, maestros, terapeutas, psicólogos, médicos, administradores escolares, consejeros escolares, y otros) para causar un cambio de impacto. Este cambio necesita involucrar a todo el hogar y "enfoques de toda la escuela que incorporen múltiples disciplinas", lo cual incluye estrategias que "aumenten las oportunidades para una interacción positiva entre iguales mediante actividades de aprendizaje cuidadosamente estructuradas y basadas en grupos en las escuelas y en el hogar.[4]

Sin duda, el acoso no es solamente un asunto "de la escuela". Hay un fuerte vínculo entre los niños que sufren acoso escolar y quienes también sufren acoso en su hogar a manos de sus hermanos.[5] Parte de lo que los padres pueden hacer en su hogar es comenzar a utilizar el

Neurociclaje con toda la familia, no solamente con el niño que sufre acoso, para ayudar a mitigar y prevenir que hábitos sociales negativos echen raíces, los cuales tienen el potencial de influir en el modo en que un niño se comporta en la escuela.

En las escuelas en Sudáfrica, donde trabajé por más de veinte años, abordé indirectamente el acoso escolar mediante el uso del método del Neurociclaje para ayudar a los niños a manejar sus salud mental y cómo influía en sus interacciones sociales. Eso fue algo que los niños podían hacer en la escuela y en sus casas con sus padres o tutores. Yo lo hacía junto con enseñarles la versión del Neurociclaje que les ayuda a aprender a aprender (de lo cual hablo con detalle en mi libro *Piensa, aprende y ten éxito*).

Resultó ser una manera realmente útil de manejar tanto las raíces como los efectos del acoso escolar. Cambió el enfoque desde uno centrado en el castigo a otro que balanceaba el desarrollo emocional y cognitivo mediante el manejo de la mente, la identidad, y el cultivo de la mente. Los alumnos eran empoderados para aceptar, procesar y reconceptualizar cómo se sentían en su interior, lo cual ayudó a abordar el descuido emocional, necesidades no satisfechas, y problemas de identidad que habían dado como resultado que se produjera acoso escolar. Esto, a su vez, desarrolló el sentido de empatía de los niños y el reconocimiento de su influencia en otros; comenzaron a ver que ellos eran una parte de una comunidad más grande. A medida que aquellos alumnos aprendieron a aprender y a cultivar su mente y su cerebro, se desarrollaron su creatividad, seguridad, y curiosidad intelectual, lo cual también los ayudó a manejar sus sentimientos y motivaciones internas y a reducir la necesidad de acosar a otros.

Aunque todo esto puede parecer solamente una hermosa historia, es algo que puedes comenzar a hacer con tu hijo también. Mientras más le ayudes a usar el Neurociclaje para manejar sus sentimientos y su salud mental, más le ayudarás a convertir demandas sociales negativas en relaciones profundas y significativas.

EMPATÍA

Una de las maneras clave para combatir el acoso es mediante el desarrollo de la empatía en los niños. La empatía ayuda al niño a comprender que otras personas tienen sus propios puntos de vista, sentimientos y emociones que hay que respetar.[6] Les enseña a evitar imponer sus propias opiniones a otros, y les ayuda a entender que no se trata solamente de ellos; se trata de ellos *en el mundo*.

Mientras más practique el niño la empatía, más aprenderá a regular su propia conducta y a ajustarla dependiendo de la persona con la que converse y de la situación en la que esté. De hecho, los estudios muestran que, a los tres años de edad, los niños pueden comenzar a mostrar genuina compasión y empatía, y son capaces de comprender que sus sentimientos y experiencias son diferentes a las de otras personas. ¡Nunca es demasiado temprano para enseñar a tu hijo a ser más empático!

Además, como mencionamos antes, la empatía también ayuda al niño a desarrollar su propia identidad. Identidad, autonomía, empatía, y resiliencia están todos ellos interconectados, porque mientras más vemos y comprendemos cuán únicas son otras personas, más aprendemos a reconocer y valorar nuestra propia singularidad. Además, la investigación confirma que los niños que tienen más habilidades de ser empáticos tienen también más habilidades de comunicación y, por lo tanto, experimentan menos conflicto y acoso.[7]

La empatía en los niños incluye las siguientes características, que tal vez te resulten útiles al trabajar con tu hijo en el paso de Reconfirmar:

- Entender que él es una persona distinta a las que le rodean, y que otras personas tienen sentimientos y perspectivas diferentes.
- Reconocer los sentimientos en él mismo y en otros, y ponerles nombres.

- Regular sus propias respuestas emocionales.
- Ser capaces de ponerse en el lugar del otro e imaginar cómo otra persona podría sentirse acerca de una situación o persona.
- Imaginar qué tipo de acción o respuesta podría ayudar a una persona a sentirse mejor en una situación en particular.[8]

La empatía evoluciona desde que somos bebés hasta la niñez y la adolescencia, y es moldeada por nuestra naturaleza, crianza, y factor Yo (ver capítulo 16). Aunque es una parte de ser humano, sigue siendo algo que deberíamos alentar a nuestros hijos a practicar y desarrollar mediante la autorregulación.

Es fácil pasar por alto las señales del sentido de empatía de un niño pequeño a menos que sepamos qué buscar. Por ejemplo, los niños pequeños jugarán de un modo más complejo y empático con niños que conocen comparado con niños que no conocen.[9] También vemos la empatía reflejada en preguntas que hacen los niños pequeños sobre lo que están atravesando otros niños.[10] Por ejemplo, un niño pequeño puede preguntar, usando un vocabulario limitado o incluso una señal, por qué otro niño está llorando.

Como padres y cuidadores, podemos ayudar a facilitar este sentido de empatía en nuestros hijos mediante la autorregulación, que es lo que estás haciendo cuando trabajas en el Neurociclaje con tu hijo. A medida que trabajas en el paso de Recolectar, validas la experiencia de tu hijo cuando sintonizas con ella, lo cual, a su vez, comienza a enseñarle el valor de sus sentimientos y de los sentimientos de los demás. Cuando trabajas con tu hijo en los pasos de Reflexionar y Escribir/Jugar/Dibujar, también le estás mostrando que sus sentimientos y reacciones son reales y válidos; sus experiencias únicas y singulares son importantes. Cuando realizas los pasos de Reconfirmar y Acercamiento Activo con tu hijo, le estás enseñando que sus experiencias y reacciones son únicas y que puede decidir cómo quiere responder y quién quiere ser, igual que otros niños y adultos deciden cómo responder y lo que quieren ser.

COMO PADRES Y CUIDADORES, PODEMOS AYUDAR A FACILITAR ESTE SENTIDO DE EMPATÍA EN NUESTROS HIJOS MEDIANTE LA AUTORREGULACIÓN.

La empatía tiene mucho que ver también con la disculpa. En lugar de obligar a tu hijo a que se disculpe, especialmente cuando es pequeño y tal vez no sea capaz de entender el significado completo que hay detrás de una disculpa, puedes enseñarle a sentir empatía por la otra persona. Por ejemplo, si tu hijo se enojó con su hermano mientras jugaban y lo golpeó, y tu otro hijo está llorando, puedes decir algo como lo siguiente: "Mira, tu hermana/hermano está muy triste y está llorando (Recolectar). Le duele porque lo golpeaste (Reflexionar). ¿Podemos intentar ver si puedes hacer que se sienta mejor (Reconfirmar)? ¿Qué puedes hacer para mejorar las cosas? ¿Tal vez darle un abrazo y besos? ¿Qué harás la próxima vez que te enojes (Acercamiento Activo)?".

Sugiero utilizar frases de empatía cuando hagas el Neurociclaje con tu hijo en lugar de simplemente decirle que lo que hizo estuvo mal. Algunos buenos ejemplos de esto son los siguientes:

"Puedo ver que estás enojado".

"Puedo oír que estás enojado conmigo".

"Puedo ver que te sientes triste".

"Tiene todo el sentido que te sientas molesto".

"Puedo ver que ahora mismo estás sintiendo muchos sentimientos diferentes; ¿quieres ayuda para trabajar en ellos?".

Estos son buenos ejemplos de frases que puedes decirle a tu hijo para mostrarle lo que es ver y validar lo que otras personas están atravesando mientras trabajas en resolver el problema.

APEGO

Las interacciones sociales, en su núcleo, se tratan de formar apegos y desarrollar relaciones profundas y significativas.[11] La naturaleza dependiente de los niños significa que su familia y sus cuidadores tendrán mucha influencia en el modo en que desarrollan y perciben sus experiencias sociales. Cuando nace un niño, forma un vínculo casi inmediatamente con su cuidador. Debido a este apego, un niño descubre el mundo; los niños generalmente ven a sus padres como patrones para la vida. La investigación muestra que los niños tienen percepciones ideales de las figuras paternas con las cuales comparan su propia crianza y apegos a los padres; la interacción entre estas expectativas infantiles y la materialización social de sus relaciones con sus padres contribuye a dar forma a sus conceptos del yo, la autoestima, creencias generacionales, dinámicas en las relaciones, y personalidad en general.[12]

Sin embargo, una de las relaciones más importantes que tenemos y los apegos que formamos es con nosotros mismos. Esto es moldeado por los apegos que formamos en la niñez. En general, un niño experimentará apego en un continuo. Algunos apegos serán buenos, satisfaciendo necesidades naturales y profundamente asentadas de conexiones profundas y significativas, lo cual ayuda al niño a aprender a satisfacer sus necesidades y le muestra cómo puede sentirse cómodo, confiado y seguro; estos apegos influyen positivamente en el desarrollo fisiológicos, neurológico y psicológico de los niños.[13]

Algunos apegos pueden ser más neutrales, pero dentro de ellos puede que no haya muestra suficiente de afecto y aliento para que los niños se expresen; por lo tanto, aunque el niño puede saber que es amado, tal vez no se siente amado. Desgraciadamente, algunos apegos serán tóxicos y dañinos, contribuyendo a problemas de conducta (por ej., TDAH), una naturaleza desconfiada, problemas generacionales de crianza, y otros problemas físicos y de salud mental.[14] En el lado extremo, los apegos tóxicos debido al trauma infantil pueden mostrarse en la adolescencia y la edad adulta de modo tóxico debido a la paradoja plástica de la neuro plasticidad: tanto lo bueno como lo malo queda grabado en las redes neuronales del cerebro. Sin embargo, como he señalado muchas veces en este libro, esos apegos negativos no tienen por qué ser nuestro destino. Lo que quedó grabado puede ser cambiado (reconceptualizado), incluidos nuestros apegos.

UNA DE LAS RELACIONES MÁS IMPORTANTES QUE TENEMOS Y LOS APEGOS QUE FORMAMOS ES CON NOSOTROS MISMOS. ESTO ES MOLDEADO POR LOS APEGOS QUE FORMAMOS EN LA NIÑEZ.

Es injusto y abominable haber tenido un comienzo terrible en la vida, como vimos en la historia de Tim. Desde su infancia, careció de un apoyo amoroso básico por parte de su mamá biológica. En lugar de consolarlo, abusaba de él. En lugar de protegerlo del dolor físico, lo lastimaba *y* no hacía nada mientras otros lo lastimaban. Cuando Tim comenzó a aprender a hablar, ella le enseñó a responder con mentiras para cubrir su maltrato cuando le hacían preguntas acerca de sus pesadillas, su incontinencia, sus moratones y sus dolencias. Cuando necesitaba atención médica, su madre ignoraba su dolor y sus luchas.

Sin embargo, cuando me senté con Tim, pasamos un tiempo maravilloso. Él era amable, inteligente, y bien ajustado. Me sorprendió que parecía ser como cualquier otro muchacho feliz de ocho años, a pesar de lo que había atravesado. Entre las charlas, él jugaba con mis perros, nadaba con su hermana en el mar, y seguía presentando analogías estupendas y preguntas profundas acerca de la mente y el cerebro.

La historia de Tim demuestra que, incluso si un niño tuvo un comienzo horrible en la vida, eso no significa que esté condenado para el resto de su vida. Su crianza en sus primeros años fue atroz, y sus apegos estaban totalmente distorsionados; sin embargo, como demuestran en sus historias su padrastro y su madrastra tan excepcionales (ver capítulo 14), cuando sumergimos a un niño en amor y lo ayudamos a manejar su mente, puede producirse sanidad y puede ocurrir un cambio.

No hay una regla estricta para cómo debería verse el apego, razón por la cual es más importante cultivar un sentido de seguridad, libertad y autonomía dentro del contexto cultural en el que se cría a un niño. Un sentido de apego saludable, que se verá diferente en cada niño y entorno cultural, establece y mantiene una base segura desde la cual el niño puede salir y explorar el mundo (este es el principio de la crianza de red de seguridad del que hablé en el capítulo 16).[15] Los padre de Tim crearon esta base para él, que dio a Tim la capacidad de comenzar a sanar y explorar. Al crear un apego amoroso, su madrastra y su padrastro lo ayudaron a encontrar y explorar lo que había en su interior.

Los niños tienen muchas habilidades cognitivas, incluyendo flexibilidad cognitiva, la capacidad de hacer multitarea mentalmente, y la capacidad de ajustar sus pensamientos a los cambios en expectativas o circunstancias. Estas habilidades son más fuertes durante el desarrollo en la niñez y la adolescencia, y disminuyen con la edad. Los niños pueden reaccionar a los cambios en su entorno y adaptarse a ellos, y después volver a adaptarse; sin embargo, la exposición al estrés y el trauma en la niñez altera los niveles de flexibilidad cognitiva de los niños.[16] Así, mientras antes los enseñemos el manejo de la mente y la autorregulación, antes podremos enseñarles también a hacer uso de esta flexibilidad en sus interacciones sociales y formar apegos saludables que les ayuden a crecer y desarrollarse.

19

■ ■ ■

INTERACCIONES SOCIALES Y EL NEUROCICLAJE

Utilizar el Neurociclaje con tu hijo no tiene por qué ser complicado; no tiene que ser de cierto modo ni ocurrir en cierto lugar para ser eficaz.

Al leer la siguiente historia, verás que voy insertando los 5 Pasos del Neurociclaje para mostrarte cómo puede utilizarse este proceso para calmarte tú mismo como padre o madre cuando las cosas se complican, y como un mini Neurociclaje para ayudar a tu hijo a procesar y manejar situaciones sociales difíciles en el momento.

Imagina que una familia de cinco miembros (una mamá, un papá, sus gemelas de siete años, y su hijo de diez años) llegan a una reunión familiar. Cuando están a punto de bajarse del auto, una de las niñas (Chantal) comienza a llorar. El hermano de Chantal, frustrado porque quiere entrar para jugar con el nuevo perrito de sus primos, le grita para que deje de llorar, diciéndole que tiene la caja roja y manchada. Eso hace que las cosas empeoren, y ella pasa de llorar a gritar que no quiere entrar. Dice que odia a la familia y que no entrará, porque todos se burlarán de ella. Siempre le dicen que está demasiado flaca, es bajita, y lleva unos lentes estúpidos. Su hermana gemela (Jane) también comienza a llorar.

Los padres intentan al principio persuadir a Chantal de que será divertido, que todos la aman, y que se ve más inteligente con sus lentes. Le dicen que aún está creciendo y que debería ignorar lo que dicen sus primos. Le dicen que ella sabe que su abuelita la ama y le protegerá, y que se pondrá muy triste si ella no entra; sin embargo, Chantal sigue llorando y gritando.

Eso enoja a sus padres, que responden con un tono elevado: "Nos estás avergonzando. ¡La familia sabe que estamos estacionados aquí! Estás haciendo un berrinche por nada. Si tenemos que irnos a casa ahora, ¡te quitaré tu celular todo el fin de semana!". Jane también comienza a gritar. "¿Cuál es el problema? ¡Yo también quiero jugar con el nuevo perrito!". Entonces su hermano grita: "¿Por qué no puedes ser más como Jane?". Como podrás imaginar, todos esos gritos solamente empeoran mucho más la situación.

Entonces, sucede algo. Mamá se da cuenta de que la situación está escalando y decide hacer el Neurociclaje. Para su primer Neurociclaje, trabaja en ella misma. Hace el paso de Recolectar la frustración de ella misma y su familia, y la tensión que siente en su cuerpo, y observa que está hablando de un modo rápido y enojado y desarrollando una actitud que dice: *Este día ya está arruinado*. Entonces hace Reflexión en que Chantal se está comportando de modo muy diferente a como actúa normalmente, y recuerda que Chantal se ha quejado de que se burlaron de ella la última vez que se reunió la familia. Visualiza cuán molesta estaba Chantal (recuerda que puedes sustituir Escribir por visualizar cuando lidias con algo en el momento). Entonces pasa a Reconfirmar por un momento intentando ver esa situación desde la perspectiva de Chantal, lo cual le ayuda a entender que entrar es una situación que asusta a Chantal. Cuando hace eso, resulta fácil pasar al Acercamiento Activo; se mete en el asiento del auto, rodea con sus brazos a su hija con amor, y se disculpa por irritarse con ella. Le explica por qué lo hizo; que está muy emocionada por ver a su mamá, su papá y sus hermanas, que han manejado en el auto por mucho tiempo, y que ella de veras quiere entrar. Mamá también le dice a Chantal que la ama mucho, que Chantal le produce mucha alegría solamente por estar viva, y que eso nunca cambiará a pesar de lo que Chantal diga o haga. Todo eso le toma solamente un par de minutos, y ayuda a que las dos se calmen.

Entonces mamá comienza otro Neurociclaje, esta vez con Chantal, enfocándose en que Chantal puede superar esa situación. Le ayuda a Recolectar cómo se siente diciendo: "Sé que no quieres entrar (señal de advertencia conductual). ¿Puedes decirme cómo te sientes ahora mismo (señal de advertencia emocional)? ¿Dónde estás sintiendo esto en tu cuerpo (señal de advertencia de sensación corporal)?". Chantal responde que está asustada y le duele el estómago; le dice a su mamá que también le duele la cabeza, y quiere llorar. Mamá responde diciendo: "Creo que realmente te asusta volver a experimentar esas burlas, que te hacen sentir mal contigo misma (señal de advertencia de perspectiva). ¿Es correcto?".

Entonces, mamá comienza en la Reflexión con Chantal, explicando que entiende que puede ser difícil estar cerca de personas que te hacen sentir mal contigo mismo, y que lo que le dijeron sus primos le lastimó, validando la experiencia de Chantal. Le explica que eso mismo le sucedió a ella en el trabajo anteriormente cuando personas dijeron algo poco amable, y por un tiempo fue muy difícil regresar al trabajo. Entonces, el resto de la familia de repente comienza a compartir sus propias experiencias similares. Chantal, en este punto, ha dejado de llorar por completo y escucha lo que todos están diciendo.

Eso motiva a cada uno a Reflexionar juntos sobre por qué esta situación lastimó a Chantal y recuerdan en sus mentes (Escribir) la escena que Chantal describió de cuando se burlaron de ella. Uno de los primos le había defendido de los otros, pero ella no sabe si ese primo estará allí ese día, y por eso está preocupada.

Entonces, hacen el paso de Reconfirmar como familia cómo pueden resolver ese problema. Deciden que Chantal confrontará a los primos si comienzan a ser mezquinos otra vez, y sus hermanos le apoyarán. Ella les dirá que no tiene una visión estupenda, pero lleva lentes hermosas como los famosos y que, aunque es flaca, aun así, es muy fuerte, y que deberían dejar de burlarse de ella porque eso es desagradable y le hace sentirse mal. También dejan saber a Chantal que puede decirles que paren y después alejarse, porque no todo el mundo será un buen amigo, y algunas veces hay que alejarse de las malas relaciones si la otra persona no quiere cambiar. Acuerdan como familia que, si eso no funciona, sus hermanos llamarán a los adultos para conversar sobre las burlas y solucionarlo como grupo.

Entonces, todos se dan un abrazo y se disculpan con Chantal por decir cosas desagradables. Chantal está de acuerdo en entrar (su Acercamiento Activo), agarrando fuerte la mano de su hermana gemela, con la confianza de saber que tiene un plan para ayudarle en esa visita familiar.

Mientras van por el sendero de entrada hasta la puerta frontal, su papá susurra: "Estoy muy orgulloso de ti por tener la valentía de enfrentar a tus primos", y Chantal muestra una gran sonrisa. Entonces, sonríe incluso más cuando ve a su primo favorito y a su abuela que le están esperando.

■ ■ ■

Usar el Neurociclaje con tu hijo no tiene que ser complicado; no tiene por qué discurrir de cierto modo o producirse en cierto lugar para ser eficaz. Estos pasos pueden hacerse muy rápidamente en el momento cuando sea necesario; están diseñados para guiar tu pensamiento a medida que atraviesas una situación difícil, y puede utilizarse en cualquier lugar y en cualquier momento.

CONSEJOS ADICIONALES PARA AYUDAR A TU HIJO EN LOS RETOS DE INTERACCIÓN SOCIAL

A continuación, hay algunos consejos adicionales que pueden resultarte útiles cuando trabajas en el Neurociclaje con tu hijo para ayudarlo en los retos de interacción social. También son indicaciones estupendas de Acercamiento Activo.

- Intenta escuchar realmente la tristeza, el enojo o la frustración de tu hijo si está peleando con un amigo. Escucha su experiencia y pregúntale si quiere arreglar la situación o si cree que es mejor seguir adelante y alejarse. Dale la opción, pues eso le ayudará a sentirse empoderado y le alentará a desarrollar su propio sentido de empatía en lugar de simplemente apoyarse en ti para que tomes decisiones sociales en su lugar. Enséñale que vale la pena luchar por algunas relaciones, y está bien poner fin a otras. Trabaja con él en cómo sería seguir adelante. Alienta a tu hijo a hacer una actividad de descompresión cuando haya expresado sus sentimientos, haya desahogado todas sus emociones, y haya trabajado en los 5 Pasos.
- Intenta preguntar a tu hijo si quiere algún consejo antes de dárselo. Algunas veces, tu hijo solamente quiere un lugar seguro para poder desahogarse y mostrar sus emociones.
- Enseña a tu hijo a disculparse cuando sus palabras o errores hayan lastimado a otros. Como mejor se hace esto es siendo un ejemplo para él (decir lo siento y explicar por qué), y mientras más hagas eso, mejor será tu hijo a la hora de hacer autorregulación y saber cuándo disculparse.

- Recuerda que tu hijo tiene derecho a cuestionar y desafiar ideas, disciplina, etc.; escúchalo cuando lo haga, y después guíalo en el Neurociclaje. Incluso puedes mostrarle cómo utilizar el Neurociclaje para desafiar algo de un modo organizado y no agresivo.
- Sé bueno contigo mismo; ¡crear hijos no es fácil! Si puedes mirar atrás y darte cuenta de pensamientos como estos: *No hice eso tan bien. No tuve que haberme enojado en ese momento. Podría haber respondido mejor, o podría haber dicho o hecho eso de modo diferente,* conversa al respecto con tu hijo. Esto muestra a tu hijo cómo es la perspectiva y la introspección, lo cual le da la oportunidad de restaurar y cultivar la relación. Necesitamos reconocer el impacto de lo que hemos hecho, pero también balancearlo con nuestras intenciones. Queremos lo mejor para nuestros hijos, pero también necesitamos recordar que somos seres humanos que atravesamos nuestras propias "cosas", que pueden nublar nuestro buen juicio.

20

■ ■ ■

ETIQUETAS

Tu hijo no está perdido o "quebrado". Si ha recibido un montón de etiquetas, en lugar de ver esas etiquetas como enfermedades cerebrales de tu hijo, considéralas como descripciones de las señales de advertencia que tu hijo está mostrando.

Imagina que tu hijo es el niño nuevo en la clase. Está experimentando acoso escolar, y tú has observado cambios en su conducta. No es capaz de concentrarse bien en clase ni en casa, y cada vez está más distraído, tiene mayor ansiedad, es incapaz de sentarse quieto, especialmente en entornos calmados o tranquilos, se mueve constantemente, habla excesivamente y es incapaz de esperar su turno, con frecuencia actúa sin pensar, y ha comenzado a interrumpir las conversaciones.

¿Son esas cosas síntomas de una enfermedad cerebral, o señales de advertencia de que algo va mal en la vida de tu hijo que está influenciando su bienestar mental y físico? ¿Qué haces tú como padre o madre? ¿A quién escuchas?

UNA HISTORIA DE ETIQUETAS

Uno de mis pacientes, a quien llamaré Juan, atravesó esa misma experiencia. A principios de la década de 2000, Juan, que tenía diez años, entró en mi consulta con su mamá. Había tenido una serie de malas calificaciones y comenzaba a sentir que no tenía esperanza en la escuela. Sentía constantemente la necesidad de moverse, de modo que se removía en su asiento y preguntaba frecuentemente si podía ir al baño, no porque necesitara ir sino porque necesitaba moverse.

Como podrás imaginar, se metió en muchos problemas con sus maestros. Lo enviaron al psicólogo de la escuela, quien le diagnosticó TDAH (trastorno de déficit de atención e hiperactividad) y lo envió a una psiquiatra para que le recetará medicación después de meramente haber leído el reporte de un maestro; ni siquiera tomó el tiempo de hablar con Juan. Lo único que hizo la psiquiatra fue hacer algunas preguntas de una lista de comprobaciones en un breve periodo de tiempo de quince minutos antes de recetarle medicamentos y decirle que regresara unas semanas después.

La mamá de Juan lo llevó otra vez a la psiquiatra varios días después porque estaba perdiendo una gran cantidad de peso debido a las medicinas para el TDAH, que le quitaban el apetito. También había comenzado a experimentar síntomas de depresión. La psiquiatra les dijo que su "enfermedad cerebral" estaba empeorando y que también necesitaba tomar antidepresivos. Esa combinación le hizo tener pensamientos suicidas y le causaba agitación además de sentirse deprimido, y cuando la psiquiatra quiso añadir un antipsicótico a su medicación, la mamá se negó; y fue entonces cuando acudieron a mi consulta clínica.

Me senté con Juan y le pedí que me relatara su historia. Juan dijo que, cuando se movía, eso le ayudaba a enfocarse, y que le resultaba realmente difícil concentrarse y procesar lo que los maestros decían cuando le decían que se quedara tranquilo y dejara de moverse. Además, estaba creciendo con mucha rapidez y era mucho más alto que sus compañeros de clase, y también muy delgado. Sus compañeros también se burlaban mucho de él porque iba al baño con mucha frecuencia. Todo eso le hacía sentir realmente triste, y también estaba avergonzado por sus calificaciones. Entre las burlas, el maestro que se dirigía a él constantemente, el bochorno, y ahora ser etiquetado y decirle que tenía el cerebro quebrado, a la vez que intentaba entender sus cambios de humor y lidiar con su pérdida de apetito y de energía debido a las medicinas, se sentía sin esperanza e indigno, como si fuera un fracaso en todo.

Cuando Juan entró en mi consulta, caminaba un poco encorvado, el cabello cubría sus ojos, y no me miraba a los ojos; intentaba ocultar todo lo que podía. Cuando logré que relatara su historia, sin embargo, se abrieron las puertas. Su sentido de vergüenza lo estaba consumiendo. Sentía como si en cada momento estuviera siendo examinado por sus maestros, sus compañeros, y su mamá (que no trabajaba fuera de casa), y que estaba muy preocupada por él e intentaba protegerlo, mientras que su papá no esperaba otra cosa sino la perfección y siempre lo comparaba con su hermano, quien siempre parecía hacerlo todo bien.

Lo primero que hice después de escuchar la historia de Juan fue completar un Neurociclaje de identidad con él para ayudarlo a entender su valor y su autoestima, y en eso trabajamos durante las primeras sesiones. También cambiamos su pupitre en el salón de clase por una pelota de Pilates, que le daba el movimiento constante que su cerebro necesitaba. Como resultado, su enfoque y su concentración mejoraron, lo cual tuvo un impacto estupendo en su capacidad para pensar. A lo largo de varias semanas, a pesar de sus luchas, Juan también aprendió a utilizar el sistema de Neurociclaje para manejar sus pensamientos y sentimientos, lo cual le ayudó a regular sus emociones y movimientos.

Completamos muchos Neurociclajes familiares para ayudar con las dinámicas tóxicas. Mamá aprendió a cambiar hacia la crianza de redes de seguridad en lugar de la crianza de helicóptero, en la cual había caído puramente como modo de proteger a su hijo. Papá comprendió que comparar a los hermanos no había logrado su intención de motivar a su hijo, y que en realidad había hecho que Juan se sintiera peor consigo mismo. En cambio, aprendió a validar a Juan como persona, lo ayudó a reconstruir su identidad y también lo ayudó con sus tareas escolares.

Además, a medida que Juan aprendió a utilizar el Neurociclaje para aprender (ver mi libro *Piensa, aprende, ten éxito* para saber más sobre esto), también pudo mejorar sus calificaciones hasta el punto de comenzar a ayudar a otros niños de su clase a aprender. Este intercambio de roles cambió rápidamente las dinámicas de respeto en el salón de clase. Entonces, los envié a un médico que ayudó a Juan a ir disminuyendo su medicación, y a un endocrino para comprobar sus hormonas, lo cual le ayudó a sentirse mejor y a comenzar a comer otra vez. También comenzamos sesiones de terapia familiares e individuales para abordar sus retos de aprendizaje y emocionales.

CÓMO PUEDE AYUDARTE ESTA HISTORIA

Juan y yo trabajamos juntos cerca de un año, de modo que completamos aproximadamente cinco Neurociclajes de 63 días. A lo largo de este proceso, él aprendió a volver a confiar en sí mismo y descubrir su potencial único y sus superpoderes de autorregulación. No se quedó atascado en una etiqueta. Se convirtió en un joven contento y bien ajustado. Me gustaría que la historia de Juan pudiera haber sido la historia de cada niño y niña, pero ese no es el caso en demasiadas ocasiones. Actualmente, la edad promedio del diagnóstico inicial de TDAH está en siete años,[1] y desde los años 2000 a 2015 el índice de recetas estimulantes aumentó en un 800 por ciento.[2] Se calcula que solamente en torno al 1 o 2 por ciento de los niños califican[3] con síntomas de TDAH, pero hasta el 15 por ciento son diagnosticados, y esta cifra va en aumento cada año;[4] por ejemplo, ha habido un aumento de cincuenta veces más de recetas de medicinas para el TDAH en solo veinte años. En todas partes, hay cada vez más niños que son diagnosticados, etiquetados, y medicados.

¿Están el diagnóstico, la etiqueta y la medicación ayudando realmente a los niños? Un estudio reciente[5] observó que las medicinas para el TDAH no conducen a calificaciones más altas o más aprendizaje, lo cual es algo de lo que yo fui testigo con Juan y con muchos de los niños y adultos con los que trabajé a lo largo de los años. Ciertamente, muchas investigaciones muestran que tomar medicamentos para el TDAH como el Ritalín se relaciona con un mayor riesgo de depresión[6] y suicidio en niños que también toman antidepresivos.[7]

Es importante entender que los síntomas de TDAH o TDA (trastorno de déficit de atención) son amplios y comunes en la población general.[8] No hay un límite claramente definido que separe al niño entusiasta y enérgico con los niveles promedio de hiperactividad, impulsividad y distracción del niño que batalla realmente para concentrarse y aprender. Estas etiquetas son inherentemente imprecisas y subjetivas, y no señalan a una causa biológica específica subyacente como se da a entender; el juicio depende del ojo que lo mira. De hecho, hay amplias diferencias individuales en la distribución normal de estas características en cualquier población dada, lo cual también difiere ampliamente en las familias, escuelas, y niveles culturales de tolerancia.

¿Hay evidencia de que el sistema actual de diagnósticos y etiquetas que se basan en un enfoque puramente biomédico está ayudando a los niños? Si así fuera, sin duda deberíamos continuar utilizando este enfoque; sin embargo, si la evidencia sugiere que estamos haciendo más daño que bien, y si la etiqueta y el diagnóstico de los niños deja a muchos de ellos estigmatizados y desempoderados,[9] entonces situar los problemas del niño dentro de la complicada narrativa de la vida del niño y contextualizar sus conductas es, con mucha diferencia, la mejor opción.

SÍNTOMAS Y SEÑALES

Al haber investigado esta cuestión por más de tres décadas, incluso en mi consulta médica desde finales de los años ochenta hasta mitad de los años 2000, creo que la evidencia apoya la segunda opción. En la tesis para la maestría y mi investigación[10] observé mejoras significativas en diferentes grupos de edad en función académica, cognitiva, social y emocional de hasta un 75 por ciento al enseñar a los niños a enfocarse en el manejo de su mente dentro del contexto de su vida. También observé eso en más de veinte años de trabajo en escuelas dirigidas por el gobierno en Sudáfrica.

En uno de mis estudios aplicando el Neurociclaje para aprender dentro del sistema de escuelas subvencionadas en Dallas (Texas), mi equipo y yo descubrimos que las calificaciones académicas de los alumnos mejoraron significativamente en lectura (25 por ciento) y matemáticas (22 por ciento) en el quinto grado, y en matemáticas (11 por ciento) y lectura (9 por ciento) en el octavo grado.[11] Estos resultados confirmaron que enseñar a los niños a hacer uso del poder de sus habilidades innatas para pensar y aprender dominando su realidad biopsicosocial puede ayudarlos a superar muchas luchas escolares y evitar la etiqueta de fracaso escolar.

Con el paso de los años he observado un aumento significativo en etiquetar y medicar la angustia y la inmadurez infantil. En mi primer año de práctica, trabajé de cerca con un equipo de profesionales, padres y cuidadores para determinar la historia de cada niño y entender la fuente y el contexto de sus problemas. Fue un proceso continuado y orgánico que tuvo lugar a lo largo de semanas e incluso meses. Consideraciones neurológicas y biológicas fueron *parte de* la investigación, y no la suposición general que dirigía el proceso. Comprendimos que los síntomas que observábamos eran señales que se convirtieron en patrones establecidos con el tiempo, y que se habían vuelto lo bastante graves para interferir en la actividad del niño en múltiples niveles. Esas son cosas que no se pueden investigar o manejar en una sesión de quince o treinta minutos con una lista de comprobación.

Los diagnósticos psiquiátricos pueden ser útiles si se ven como descripciones de síntomas y señales de advertencia. Sin embargo, no son puramente explicativos, y no definen un estado biológico claro como cáncer o diabetes. Decir que un niño está teniendo un "episodio maníaco" es simplemente dar un nombre o categorizar ciertas conductas observables, como hacer un berrinche o correr incontroladamente. Igualmente, decir que un niño tiene TDAH es simplemente poner un nombre o categorizar ciertas conductas observables, como batallar para prestar atención o distraerse con facilidad y ser hiperactivo.

LOS DIAGNÓSTICOS PSIQUIÁTRICOS PUEDEN SER ÚTILES SI SE VEN COMO DESCRIPCIONES DE SÍNTOMAS Y SEÑALES DE ADVERTENCIA.

No les hacemos un buen servicio a nuestros niños cuando no tomamos el tiempo para desarrollar sobre el contexto de cada uno de esos síntomas y preguntar quién, qué, cómo, cuándo, dónde, y por qué. *¿Cuántas veces sucede esto? ¿Cuáles son los desencadenantes? ¿Hay ocasiones en las que sí presta atención?* Deberíamos mirarlo todo de modo holístico antes de hacer un diagnóstico. También se debería incluir esperar y observar, obtener consejo, formación para padres y cuidadores, cambios en el entorno, reducción del estrés, habilidades para cómo aprender, y terapia.

Sin duda, este enfoque de la salud mental toma tiempo y recursos para completarlo bien. Desgraciadamente, la "consideración de las implicaciones complejas y de largo plazo de las relaciones infantiles no son cómodas en un sistema limitado por la financiación, por el tiempo, basado en la evidencia, en las etiquetas y el protocolo".[12] Sin embargo, las historias de vida de nuestros niños son demasiado complejas para meterlas en cajas bien definidas.

Como destaca el investigador y defensor de la salud mental, el Dr. Peter Gotzsche: "Si un león nos ataca, nos asustamos terriblemente y producimos hormonas del estrés, pero eso no demuestra que fueron las hormonas del estrés las que nos asustaron. Fue el león. Ninguna predisposición genética o 'desequilibrio químico' es necesario para esto (respuesta al estrés)".[13] Por lo tanto, si solamente miramos la respuesta al estrés y sus efectos en la mente y el cuerpo del niño, pasaremos por alto al "león", lo cual podría terminar causándole mucho daño en el corto y el largo plazo.

Muchas de las etiquetas en el Manual de Diagnóstico y Estadística de los Trastornos Mentales (DSM, por sus siglas en inglés) fueron creadas por un consejo de expertos que tomaron decisiones en gran parte subjetivas con respecto a las etiquetas y sus síntomas relacionados basándose en sus experiencias, que es una de las razones por la cual este manual cambia con frecuencia. La difunta Paula Caplan, investigadora clínica, psicóloga, y exconsultora del DSM, observó intencionadamente:

> Un aura no merecida de precisión científica rodea al manual [DMS]: Tiene la palabra "estadística" en su título e incluye un aparentemente preciso código de tres a cinco dígitos para cada categoría y subcategoría de diagnóstico, al igual que

> listas de síntomas que un paciente debe tener para recibir un diagnóstico. Sin embargo, lo que hace es simplemente conectar ciertos puntos, o síntomas (como tristeza, temor, o insomnio), para construir categorías diagnósticas que carecen de nociones científicas. Muchos terapeutas ven a pacientes mediante el prisma del DMS, intentando meter con calzador a un ser humano en una categoría.[14]

Necesitamos recordar que, aunque las categorías son útiles cuando intentamos comprender y manejar la experiencia humana, ninguna categoría singular puede resumir la experiencia humana de un individuo. Como dice la frase, es mucho más complicado que eso.

MÁS ALLÁ DE LO BIOMÉDICO

Sí, un diagnóstico y una etiqueta pueden parecer útiles, pero hay un lado oscuro. Las etiquetas tienden a influir en el modo en que padres y cuidadores esperan que sus hijos actúen. Pueden dar forma a normas sociales que encajonan a los niños, culpando con frecuencia a los pies del niño individual (o, en este caso, el cerebro), aumentando así el estigma y la autoculpa porque restringen el problema a un cerebro dañado o una biología "quebrada".[15] Una etiqueta puede enviar a los niños el mensaje de que hay algo fundamentalmente equivocado en ellos, lo cual es increíblemente desempoderador y puede exacerbar todavía más los problemas de salud mental porque el diagnóstico y la etiqueta han cambiado su sentido de identidad.[16]

Hay muchos agujeros en el actual sistema biomédico de salud mental y el modo en que trata a nuestros niños. Estudios en varios países han demostrado que el niño más pequeño en una clase tiene dos veces más probabilidad que el más grande de obtener un diagnóstico de TDAH.[17] Muchos niños también reciben un diagnóstico equivocado porque los diagnósticos no son confiables, o les dan medicinas que no necesitan.[18] Todos estamos sujetos a la publicidad omnipresente y directa al consumidor de medicinas y la comercialización de los trastornos psiquiátricos. Claramente, algo tiene que cambiar.

Por fortuna, un número creciente de científicos y médicos están criticando este enfoque biomédico.[19] Recientemente, se reclamó una retractación en *Lancet Psychiatry* basándose en investigación errónea que profesaba falsamente mostrar una causa biológica para el TDAH.[20] Incluso el supuesto padre del TDAH, Keith Conners, cuya investigación puso el fundamento para el campo de la psicofarmacología infantil y convirtió lo que antes era una enfermedad indeterminada (llamada disfunción cerebral mínima, o MBD, por sus siglas en inglés) en el diagnóstico actual y ahora ampliamente aceptado y oficial en el DSM del TDAH,[21] y el Dr. Allen Frances, expresidente del comando DSM-IV y que ayudó a codificar el TDAH en el DSM, se han presentado como claros críticos del diagnóstico generalizado, las etiquetas, y el aumento de la medicación de niños. Como observa Frances: "Es descorazonador ver diagnósticos que son útiles para los pocos volverse dañinos cuando se aplican mal para los muchos".[22] Gran parte de lo que denominamos ciencia en el campo de la salud mental no es realmente tan científico. Según el psiquiatra infantil y de adolescencia Sami Timimi: "Nuestras creaciones profesionales (como los diagnósticos utilizados por psiquiatras, psicólogos, y otros), no reflejan ningún avance en descubrimiento 'científico', sino que son simplemente otro conjunto… de creencias y prácticas culturales" que pueden "tener muchas consecuencias negativas y accidentales".[23]

Sin duda, "diagnósticos como el TDAH reflejan… la tendencia a problematizar las conductas 'infantiles' y después 'medicarlas', ahorrando a todos los implicados la tarea más difícil de aceptar, entender y apoyar las maneras imperfectas y a menudo contradictorias en que los niños se desarrollan y encuentran seguridad emocional".[24]

El trabajo de Timimi, junto con el de muchos otros profesionales de la salud mental y defensores como él, destaca la falta de evidencia que apoye la idea de que los diagnósticos psiquiátricos biomédicos son siempre válidos y siempre confiables.[25] Muchas de las actuales categorías de diagnóstico que se utilizan en la psiquiatría infantil nos dicen muy poco acerca de lo que le sucede al niño, ya sea que hablemos de la causa, el tratamiento, o el resultado. El profesor Timimi explica en profundidad, en sus numerosos libros y ensayos de investigación sobre este tema, cómo se ha producido, de hecho, la fabricación del TDAH. No hay ninguna anormalidad genética característica, los estudios de imagen cerebral no han revelado ninguna anormalidad característica específica, ni tampoco existe un desequilibrio químico característico relacionado con el TDAH.[26]

Es nuestra tarea como padres y cuidadores ir más allá de este marco limitado de salud mental y defender a nuestros hijos, razón por la cual escribí este libro. Quiero darte la capacidad para ayudar a tu hijo a manejar sus muchas experiencias de la vida tan complicadas de un modo que no ponga una carga innecesaria de culpa sobre sus hombros o le haga sentirse dañado o menos digno.

ES NUESTRA TAREA COMO PADRES Y CUIDADORES IR MÁS ALLÁ DE ESTE MARCO LIMITADO DE SALUD MENTAL Y DEFENDER A NUESTROS HIJOS.

21

■ ■ ■

ETIQUETAS Y EL NEUROCICLAJE

Tu hijo no está perdido o "quebrado". Si ha recibido un montón de etiquetas, en lugar de ver esas etiquetas como enfermedades cerebrales de tu hijo, considéralas como descripciones de las señales de advertencia que tu hijo está mostrando.

Ahora hablaremos de cómo usar el Neurociclaje para las etiquetas. Puedes ayudar a tu hijo a aprender a manejar su mente y practicar la autorregulación si ha sido limitado injustamente o estigmatizado por una etiqueta.

De nuevo, recomiendo que anotes tus observaciones y perspectivas en un diario cuando trabajes en el Neurociclaje. Puede ser increíblemente útil si estás trabajando en estos problemas con un terapeuta infantil o un profesional de la salud mental.

1. RECOLECTAR

Digamos que a tu hijo lo han etiquetado con TDAH, depresión bipolar, trastorno de ansiedad pediátrica bipolar o general, autismo, o incluso varios de estos diagnósticos. Puedes preguntar al profesional de la salud mental por qué tiene estas etiquetas, y la respuesta que recibas será una lista de síntomas (los cuales frecuentemente son similares a otros que tú le dijiste al profesional de la salud mental en un principio). Esto fue lo que les sucedió a los padres de Juan. Le dieron más de ocho diagnósticos en una visita de quince minutos con la psiquiatra, basándose principalmente en que su mamá llenó un cuestionario, y con muy poca interacción con Juan mismo.

Sin duda, no todos los psiquiatras harán eso mismo. Conozco a algunos profesionales estupendos que se enfocan en la historia del niño en lugar de solamente medicarlo utilizando una lista de síntomas. Sin embargo, es una gran preocupación que eso suceda con más frecuencia de la deseada, especialmente a la luz de la validez y confiabilidad cuestionables del diagnóstico y las etiquetas dentro del modelo biomédico de salud mental del que hablamos en el capítulo anterior.

Si la historia de Juan te resulta familiar, quiero decirte que hay esperanza. Tu hijo no está perdido o "quebrado". Si ha recibido un montón de etiquetas, en lugar de ver esas etiquetas como enfermedades cerebrales de tu hijo, considéralas como descripciones de las señales de advertencia que tu hijo está mostrando, como hablamos en la parte 1. Estas señales apuntan a un pensamiento o una serie de pensamientos vinculados que tienen una historia o historias de origen: las raíces del árbol de pensamientos de tu hijo.

Primero, haz tu propio Neurociclaje de lo que observas en tu hijo, incluyendo lo que te han dicho sus maestros o profesionales de salud mental. Recolecta las cuatro señales de advertencia para así poder tener el lenguaje necesario para ayudar a tu hijo a describir lo que está experimentando.

Recuerda: ¡estos no son síntomas que señalan a una etiqueta! Son palabras que describen la experiencia de tu hijo. A continuación, tenemos algunos ejemplos:

- *Señales de advertencia emocionales*: frustrado, enojado, irritable, aburrido, emocionado, cambios de humor, triste, deprimido, ansioso
- *Señales de advertencia conductuales*: agresivo, nervioso, impulsivo, retirado, autocontrol errático, pierde el enfoque y la atención, olvidadizo
- *Señales de advertencia de sensación corporal*: dolor de estómago, problemas gastrointestinales, dolor de cabeza, dolor de brazos o de piernas
- *Señales de advertencia de perspectiva*: no quiere ir a la escuela porque la aborrece, ha dejado de disfrutar de la vida porque se siente perdido

Antes de comenzar a hacer el Neurociclaje con tu hijo y preguntarle acerca de sus señales de advertencia, puedes explicar que también tú hiciste el Neurociclaje para así poder entenderlo y ayudarlo mejor, y has observado que él ____________ (enumera algunas de las señales). Pregúntale si es eso lo que siente. Basándote en su edad, usa demostraciones, imágenes, dibujos, y palabras para hacerlo.

Haz hincapié y explica a tu hijo que él no es malo y que no estás molesto con él. Hazle saber que no ha hecho nada malo y que lo amas mucho a pesar de lo que diga o haga, y a pesar de lo que otra persona diga de él. Explica que hay un motivo y una solución para todo lo que está sucediendo en su vida en este momento, y que juntos la encontrarán para mejorar las cosas. Explica por qué puede que estuvieras molesto, y asegúrate de que él sepa que no se debe a algo que hizo o porque sea una mala persona.

PARA EDADES ENTRE 3 Y 5 AÑOS

Los niños entre 3 y 5 años necesitan saber que está bien si no siempre desempeñan al máximo nivel o al nivel deseado, y que es seguro molestarse o enojarse de vez en cuando sin temor a ser juzgado por ello. Guiarlo en el proceso de expresar las cuatro señales de advertencia te ayudará a sintonizar con él y ayudarlo a expresarse de un modo seguro.

Por lo tanto, en lugar de decir: "Hoy eres un niño irritable", de algo parecido a lo siguiente: "Veo que te sientes irritable". Después, enmarca las señales de advertencia como observaciones y no como etiquetas. Este conocimiento le dará la libertad de conectar con quien es verdaderamente y conectar contigo para explorar cualquier cosa que esté experimentando en el momento.

Recuerda: al evitar etiquetar a los niños les estamos dando su mejor oportunidad de convertirse en las personas que nacieron para ser. Asegúrate de darle a tu hijo todo el espacio y el tiempo que necesite para trabajar en el paso de Recolectar cómo se siente a medida que trabajas en este paso de Neurociclaje con él.

PARA EDADES ENTRE 6 Y 10 AÑOS

En lugar de etiquetar a tu hijo como bipolar pediátrico, con TDAH, o cualquier otro término que haya recibido, intenta ayudarlo a describir las señales de advertencia que está experimentando diciendo algo como lo siguiente: "¿Te estás sintiendo _______ y diciendo __________ debido a __________?".

El mismo principio se aplica a otras descripciones. En lugar de decir: "Eres tímido" o "no seas tímido", por ejemplo, intenta utilizar frases como estas: "Te toma un poco de tiempo sentirte cómodo con personas nuevas", o "eres hablador con personas que conoces bien". Intenta ser todo lo descriptivo posible sin poner a tu hijo ninguna etiqueta, ¡incluso con frases positivas! En lugar de etiquetar a tu hijo como "valiente" o "útil", por ejemplo, intenta decir algo como lo siguiente: "Te comportas con mucha valentía" o "ella fue muy valiente cuando hizo eso".

Cuando un niño es etiquetado negativamente, las expectativas que tienen las personas de él disminuyen, y puede que no sea adecuadamente desafiado ni reciba las oportunidades necesarias para alcanzar su potencial. Lo mismo es cierto para una etiqueta positiva, que puede cargar al niño con ciertas expectativas y hacerle sentir que, si no cumple los ideales de la etiqueta, no es digno. Eso puede poner sobre él una gran presión para desempeñar constantemente, lo cual puede ser igualmente perjudicial para su desarrollo.[1]

Etiquetar a un niño a esta edad puede influir en el modo en que otros lo ven y lo tratan, al igual que en el modo en que él se ve y se trata a sí mismo. Etiquetar a un niño tendrá un gran impacto en su autoestima. Cuando una persona escucha algo acerca de sí mismo las veces suficientes, al final comienza a creerlo y actuar en consecuencia.[2] Recuerda siempre decirle a tu hijo: "Tú no eres esa etiqueta. La etiqueta es solamente una descripción de cómo te estás comportando ahora debido a __________, pero no es así como serás siempre".

2. REFLEXIONAR

A continuación, recorre cada una de las cuatro señales de advertencia que identificaste con tu hijo en el Paso 1 y pregúntate a ti mismo:

- ¿Por qué muestra mi hijo estas señales?
- ¿Qué significan en realidad?
- ¿Cuándo se producen?
- ¿Qué las desencadena?
- ¿Por cuánto tiempo se producen?
- ¿Cómo se combinan?
- ¿Cuáles parecen estar interfiriendo más en sus tareas escolares?

- ¿Cuáles parecen estar interfiriendo más en sus relaciones?
- ¿Pueden vincularse a un evento específico como un curso nuevo, un maestro nuevo, un amigo nuevo, un cambio en la dinámica familiar, una experiencia traumática, o acoso escolar?

Este paso ayuda a darte una idea general del patrón y del "motivo" que está detrás del modo en que se está comportando tu hijo y cuál podría ser la raíz de la historia. Después, Reflexiona con tu hijo y conversa acerca de por qué crees que tiene esas señales, preguntándole si estás en lo correcto o cómo se describiría a sí mismo y por qué cree que está sucediendo eso.

PARA EDADES ENTRE 3 Y 5 AÑOS

Intenta no limitar a tu hijo si no parece encajar en lo que se espera de él en esta etapa de su vida. Considera siempre la singularidad de tu hijo cuando intentes entender sus señales de advertencia. Recuerda que le queda mucho por aprender y crecer; sus señales de advertencia no están fijas. Dadas las condiciones y el apoyo adecuados, tu hijo puede aprender y crecer por sus experiencias.

A esta edad, al trabajar en el paso de Reflexionar, puedes alentar a tu hijo a representar o utilizar juguetes para expresar lo que siente. Puedes decir algo como lo siguiente: "Creo que tu juguete no quiere escuchar al maestro porque todavía está aprendiendo cómo ir a la escuela y no quedarse en casa. No es lo mismo, ¿verdad?".

PARA EDADES ENTRE 6 Y 10 AÑOS

Alienta al niño de entre 6 y 10 años de edad a conversar acerca de cómo se siente y hacer muchas preguntas. Habla de las señales de advertencia como descripciones en lugar de añadirles una etiqueta. Por ejemplo, puedes decir algo como esto: "Trabajaste realmente duro en este proyecto y te sientes muy frustrado" en lugar de decir: "Tienes un problema de concentración".

3. ESCRIBIR/JUGAR/DIBUJAR

Al lidiar con el impacto que una etiqueta de salud mental puede tener en ti y en tu hijo, en realidad no puedo exagerar a la hora de recomendar que anotes tus experiencias y sentimientos a medida que haces el Neurociclaje por ti mismo. Surgirán todo tipo de cosas a medida que intentes ayudar a tu hijo. Por ejemplo, quizá quieras escribir cuán desconcertado te sentiste al salir de la consulta del psiquiatra pensando que tienes un hijo cuyo cerebro está dañado, o tal vez quieras anotar que cuestionas si eso es culpa tuya, y cuán culpable y ansioso te hace sentir. Esto te ayudará a manejar tus propios sentimientos para que así no impacten negativamente en tu hijo a medida que trabajas en el Neurociclaje con él. Como he mencionado ya muchas veces, el bienestar de tu hijo depende de tu propio bienestar.

Al hacer este paso, recuerda también anotar las cuatro señales de advertencia sobre las que hiciste los pasos de Recolectar y Reflexionar con tu hijo, y pregúntate por qué. Deconstruye cada una de ellas para descubrir cuál crees que es el contexto y la causa. Puedes hacerlo a solas, con un compañero, o incluso con un terapeuta. Recuerda: ¡necesitas ocuparte de tu propia salud mental también!

Después, trabaja en el paso Escribir/Jugar/Dibujar con tu hijo.

PARA EDADES ENTRE 3 Y 5 AÑOS

Deja que tu hijo de entre 3 y 5 años dibuje, actúe, o utilice dibujos que se relacionan con aquello en lo que trabajaron en Recolectar y Reflexionar para organizar sus pensamientos y averiguar más acerca de cómo se siente acerca de su etiqueta y de sí mismo. Puedes ayudarlo a hacer eso tomando los dibujos o las palabras que él escogió de las cajas de señales de advertencia y pegándolas en un diario, y ayudándolo a añadir más imágenes o palabras a medida que piense más cosas relacionadas con cómo se siente. También puedes preguntar a tu hijo si quiere representar esa situación con sus juguetes.

Basándote en los ejemplos en el Paso 2 anterior, ahora puedes representar, por ejemplo: "Vamos a representar cómo actúa Cerebrito en su casa y cómo actúa en la escuela; ¿cómo podemos ayudar a Cerebrito en la escuela?".

Tu hijo no tiene que escribir, jugar o dibujar mucho en cada sesión, y algunas veces puede que seas tú quien haga la mayor parte, pero él está observando y aprendiendo a medida que tú lo modelas delante de él. Tómalo lentamente y recuerda utilizar los ejercicios de descompresión del capítulo 7 si tu hijo comienza a molestarse o se siente estresado.

PARA EDADES ENTRE 6 Y 10 AÑOS

Alienta a tu hijo de entre 6 y 10 años a escribir sus señales de advertencia, ayudándolo cuando sea necesario. Después, recorre cada una de ellas y pregunta por qué tiene esa señal de advertencia. ¿Qué revela acerca de cómo se siente acerca de la escuela, la vida, las relaciones, y él mismo? Tu hijo también puede dibujar cómo se siente si lo prefiere, y utilizar palabras como apoyo.

4. RECONFIRMAR

En primer lugar, reconfirma la información de los Pasos 1 al 3 por ti mismo. ¡Plantéate muchas preguntas! ¿Está tu hijo teniendo tal vez una reacción infantil normal a todos los cambios que se han producido en su vida recientemente? ¿Está intentando procesar el estrés que ambos están sintiendo? ¿Hay una vocecita que cuestiona el diagnóstico y la etiqueta de tu hijo porque tú *conoces* a tu hijo? También sabes que tu hijo está batallando en la escuela, pero tal vez eso se deba al aburrimiento porque en casa lee libros más avanzados y puede mantener conversaciones largas y detalladas sobre lo que le gusta. ¿Está su escuela satisfaciendo realmente sus necesidades?

Después, examina lo que hayas escrito y explorado, observando todas las cosas que tu hijo *puede* hacer bien además de dónde y cuándo se desempeña mejor. ¿Cómo puedes alentar a tu hijo a hacer más cosas de ese tipo?

Luego, trabaja en este paso con tu hijo.

PARA EDADES ENTRE 3 Y 5 AÑOS

Si tu hijo tiene entre 3 y 5 años de edad y estás utilizando un juguete como Cerebrito para ayudarlo a hacer el Neurociclaje, puedes decir algo como lo siguiente: "¿Cuáles son las cosas que más le gusta hacer a tu muñeco? ¿Qué es lo que se le da mejor? Creo que a tu muñeco se le da *muy* bien _______ ¿Tengo razón?".

Aliéntalo a hacer más de lo que le gusta hacer y lo que le hace sentir bien acerca de sí mismo. Después, mira las cosas con las que batalla para comprobar qué se puede hacer para ayudarlo. Por ejemplo, tal vez batalla para terminar un rompecabezas en la escuela, lo cual le hace sentir que la escuela se le da muy mal. Podrías encontrar tiempo para practicar con él hacer rompecabezas en casa para ayudarlo a mejorar. O tal vez tu hijo se distrae con facilidad, de modo que podrías sentarte con él y ayudarlo a practicar historias o cuentos (como con un audiolibro) y alentarlo a imaginar todas las escenas en su mente, lo cual le ayudará a desarrollar sus habilidades de enfoque.

PARA EDADES ENTRE 6 Y 10 AÑOS

Reconfirma aquello en lo que trabajaron en los Pasos 1 al 3 mirando los patrones que identificaste y preguntando a tu hijo si también observó eso y cree que está sucediendo.

Descubran juntos maneras de aprovechar todas las cosas buenas que él hace bien. Puedes decir algo parecido a lo siguiente: "Hagamos una lista juntos de todas las cosas que estás aprendiendo a hacer muy bien. Vamos a escribir todas las que podamos. ¿Puedo empezar yo?

Creo que eres muy bueno en contar historias, ¡y te emocionas mucho cuando las cuentas! Me gusta especialmente la historia de _______ ¿En qué crees tú que eres bueno?".

Entonces, mira las cosas con las que él batalla para comprobar qué se puede hacer para ayudarlo. Puedes decir algo como esto: "Se que estás batallando para concentrarte en esta clase. ¿Tal vez porque es aburrida? Pero tú sabes mucho acerca de _________ y puedes leer muy bien libros sobre _________. ¿Cómo puedes llevar esta habilidad excelente a la clase que no te gusta?".

5. ACERCAMIENTO ACTIVO

Para ayudar a tu hijo a superar una etiqueta utilizando el Neurociclaje, un buen Acercamiento Activo lo ayudaría a practicar enfocarse en su historia el lugar de un nombre o adjetivo que otra persona haya utilizado para describirlo.

PARA EDADES ENTRE 3 Y 5 AÑOS

Para tu hijo de 3 a 5 años, escoge algo de los consejos siguientes o algo que reconfirmaste con tu hijo en el Paso 4 y practícalo por unos días. Por ejemplo, si a tu hijo lo han etiquetado con TDAH debido a una falta de concentración, pueden escuchar juntos un audiolibro cuando estés haciendo la cena, y él puede dibujar lo que oye mientras escucha. Otro Acercamiento Activo podría ser acudir a la biblioteca local con tu hijo cada semana y dejarle que elija libros para que tú se los leas cada noche cuando se vaya a la cama. Incluso puedes hacerle preguntas acerca del libro o preguntarle si quiere dibujar o representar lo que cree que se trata en el libro.

PARA EDADES ENTRE 6 Y 10 AÑOS

Un Acercamiento Activo útil para los niños entre 6 y 10 años podría ser aprender algo nuevo y cultivar su cerebro, lo cual les ayudará a sentirse más resilientes y seguros de sí mismos y en sus habilidades. Por ejemplo, basándonos en lo que mencioné en el Paso 4 anterior, si tu hijo batalla en la escuela, pero le encanta aprender sobre tiburones, puedes alentarlo a aprender toda la información que pueda acerca de los tiburones y conversar sobre el tema con sus amigos y sus maestros en la escuela. Al igual que con edades más jóvenes, también podrías ir a la biblioteca local con tu hijo cada semana y dejarle que escoja libros que tú le leas cada noche cuando se vaya a la cama, haciéndole preguntas con respecto a qué piensa que trata el libro.

CONSEJOS ADICIONALES PARA AYUDAR A TU HIJO A SUPERAR EL IMPACTO DE UNA ETIQUETA

A continuación, tenemos algunos consejos adicionales que pueden resultarte útiles al trabajar con tu hijo en el Neurociclaje para ayudarlo a superar un diagnóstico y una etiqueta. También son indicaciones estupendas para Acercamientos Activos.

- Considera obtener evaluaciones de lenguaje y de procesamiento y también terapia si es necesario para tu hijo, o si lo recomienda un terapeuta del habla y el lenguaje.
- Busca otras opciones de apoyo al aprendizaje si sientes que eso es necesario. Por ejemplo, un abuelo o un cuidador podría ayudar sentándose con tu hijo y ayudándolo a aprender a leer, o trabajar en el Neurociclaje para aprender a hacer sus tareas escolares.
- Si es posible, busca otras opciones de aprendizaje como un cambio de escuela o estudiar en una escuela que utilice diferentes filosofías de aprendizaje, como la educación clásica o el sistema Montessori. Tal vez incluso quieras considerar hacer la escuela en casa si puedes. Si escoges la escuela en casa, podrías contactar con un psicólogo infantil o un terapeuta del lenguaje para recibir ayuda, porque puede ser una tarea bastante

abrumadora como padre o madre. Simplemente recuerda hacer preguntas acerca de su filosofía antes de comenzar, para asegurarte de que no te presionen para etiquetar y medicar a tu hijo.

- Ayuda a tu hijo a encontrar el lado bueno de algo equivocado. Puedes decir algo como lo siguiente: "Estoy de acuerdo en que hoy estuviste muy activo en la escuela, lo cual alteró a algunos otros niños, de modo que ahora tienes que aprender lo que no debes hacer. Has aprendido lo que altera a los niños en tu clase. Ahora, trabajemos en lo que puedes hacer cuando sientas toda esa energía en tu cuerpo. Puedes moverte un poco sobre tu pelota de Pilates, o puedes imaginar que eres un gigante y que ellos son como hormigas muy pequeñas, y tienes que estar muy tranquilo y moverte muy poco para no aplastarlos".
- Recuerda que el niño que batalla con la autorregulación (ver el capítulo 6) es generalmente el niño que es etiquetado porque batalla para manejar las grandes señales de advertencia en sus emociones, su cuerpo y sus conductas. Es más difícil y más "provocativo" cuando batalla para filtrar distracciones o para controlar el impulso de moverse o de hablar. Demasiadas veces, el movimiento constante, hacer preguntas, y dibujar en la pizarra se etiquetan como malas conductas; sin embargo, los niños no intentan ser difíciles o molestar a los adultos y a otros niños; necesitan desarrollar sus habilidades de autorregulación. Es aquí donde utilizar el Neurociclaje para el manejo de la mente y cultivar el cerebro ayuda tremendamente.

22

■ ■ ■

PROBLEMAS DEL SUEÑO

Preocuparte constantemente por los patrones de sueño de tu hijo e identificarlos y etiquetarlos como una persona que duerme mal puede ser peor que si no duerme, debido a toda la ansiedad relacionada con la situación.

Lograr que tu hijo se duerma y se mantenga dormido ¡puede ser todo un reto! La hora de irse a la cama, pesadillas, distracciones, y muchos otros factores pueden hacer que la hora de dormir sea una situación muy estresante. Añadiéndose a este estrés están los mensajes constantes que recibimos y que dicen que nuestros hijos necesitan más horas de sueño. Numerosos sitios web, artículos, y profesionales médicos se han enfocado en todos los posibles efectos negativos de lo que sucederá si un niño no duerme las horas suficientes, lo cual puede hacer que las cosas asusten todavía más.

Sin embargo, notablemente, el sueño tiene una relación mucho más bidireccional para el bienestar de lo que antes se creía. Aunque una falta de sueño de calidad puede contribuir a batallas de salud mental y física, lo contrario también es cierto.[1] Los niños expuestos constantemente a traumas como abuso, acoso, o estresantes de la vida diaria pueden dormir menos o tener un sueño de peor calidad.[2] También hay otras razones por las que los niños no duermen o no pueden dormir bien, entre las que se incluyen problemas biológicos y neurológicos. Al lidiar con un problema del sueño, es importante mirar de modo holístico el contexto de la vida del niño.

¿Recuerdas la historia de Tim (ver capítulo 14)? A pesar de muchas intervenciones y tratamientos, él seguía sin dormir más de cuatro horas no consecutivas por noche, se quejaba de sofocos, dolor de piernas y pesadillas, y batallaba con la incontinencia. Era imposible para él estudiar en la escuela tradicional.

Este es un problema muy real para muchos padres, cuidadores y niños y, como tal, hay que abordarlo tan pronto como sea posible desde todos los puntos de vista posibles, de los cuales se puede decir que el manejo de la mente es el más importante. Nuestra mente dirige todo lo demás.

INTERRUPCIONES DEL SUEÑO

Las interrupciones del sueño están entretejidas intrínsecamente en el bienestar mental y físico del niño.[3] Las interrupciones del sueño que pueden producirse en niños de edades entre los 1 y 12 años incluyen apnea obstructiva del sueño (del 1 al 5 por ciento), sonambulismo (17 por ciento), despertar confuso (17,3 por ciento), terrores nocturnos (del 1 al 6,5 por ciento), y pesadillas (del 10 al 15 por ciento).[4] La apnea obstructiva del sueño es cuando la respiración del niño queda bloqueada (ya sea parcialmente o por completo) mientras duerme. Algunas señales de que tu hijo quizá batalla con la apnea del sueño son: ronquidos, tos, pausas en la respiración, respiración por la boca, y agitación.[5] El sonambulismo es una acción que hace el niño mientras permanece en un estado de sueño.[6] El despertar confuso es cuando un niño sigue dormido, pero llorará o pataleará; puede incluso tener un "berrinche" o musitar o decir frases mientras está dormido. Los terrores nocturnos también pueden resultar en quejas o lloros mientras duerme. Tu hijo tal vez parezca agitado y sin embargo estar en un estado de sueño profundo; no se despierta con facilidad. Aunque los niños pueden recordar una pesadilla, tienden a olvidar los terrores nocturnos.[7]

LA TECNOLOGÍA Y EL SUEÑO

Todos estamos familiarizados con el vínculo entre el mal uso de la tecnología y menos horas de sueño. Esto es algo que afecta tanto a niños como a adultos. Si los ajustes de color en el dispositivo no se modifican, la mayoría de la tecnología moderna emite una onda de luz azul que provoca alerta y desempeño en quien lo mira; esta luz afecta específicamente el ciclo del sueño disminuyendo la producción de melatonina.[8] La modalidad y el contenido de la interacción con la pantalla también influye en el sueño de los niños; por ejemplo, jugar un videojuego aumenta la latencia del sueño en los niños (cuánto tiempo les toma quedarse dormidos), disminuye el sueño profundo restaurador (de onda lenta), y disminuye el tiempo que pasa dormido.[9]

Como mencionamos anteriormente, nuestro cerebro se funde con cualquier cosa en la que nos enfoquemos. Este enfoque puede estimular la actividad mental y cerebral y mejorar el sueño, o alterar las redes neuronales y el sistema endocrino, lo cual puede dar como resultado patrones de sueño interrumpidos. La tecnología moderna y las redes sociales no son necesariamente los principales o los únicos culpables. Como promedio, los niños no duermen lo suficiente; levantarse temprano para ir a la escuela o irse tarde a dormir debido al trabajo y a actividades extracurriculares han alterado de modo significativo el número de horas promedio que duermen los niños.[10] Esta complicación de la vida acelerada ha estado aumentando desde que fue mencionada por primera vez en 1884 por el *British Medical Journal* en un artículo que atribuía el creciente número de problemas del sueño en los niños a la rápida naturaleza de la creciente sociedad moderna.[11] Por lo tanto, la idea de que los niños no duermen solamente porque están demasiado distraídos y estimulados en exceso por las redes sociales o el Internet no toma en cuenta que el ritmo acelerado de la vida, aunque es alentado por estas tecnología, no es nuevo y ha sido una fuente de conversación por muchos años.

Sin embargo, esta es la primera vez en la historia humana que tenemos que lidiar con las redes sociales, el Internet, y la naturaleza muy "en línea" de la tecnología moderna, y todavía seguimos intentando entenderla. Los consejos sobre qué hacer como padres o cuidadores cambian constantemente, lo cual puede hacer difícil seguir el ritmo.

Cada generación enfrenta retos que influyen inevitablemente en el ritmo de vida porque nuestro entornos evolucionan constantemente; por eso es tan importante que aprendamos a manejar nuestra mente desde temprana edad. La vida cambia y nos lanza cosas constantemente, y necesitamos ayudarnos a nosotros mismos y a nuestros hijos a aprender a manejar esos cambios.

Es importante recordar que el sueño es dinámico. Esto significa que cambiará a medida que el niño crece, y estará influenciado constantemente por el contexto de la vida del niño. Los patrones del sueño cambiarán a medida que los niños atraviesen diferentes eventos en la vida y transiciones importantes, y a medida que estén expuestos al estrés.[12] Como padres o cuidadores, no siempre podemos evitar que esos cambios afecten el bienestar de nuestros hijos, pero podemos ayudarlos a manejar cómo influyen en ellos esos cambios.

¿CUÁNTAS HORAS DE SUEÑO NECESITA UN NIÑO?

Me preguntan con frecuencia si hay un número mágico de horas que los niños necesitan dormir. La respuesta es complicada, ¡como casi todo en la crianza de los hijos! Además, tener normas que sean demasiado rígidas acerca del sueño puede terminar haciendo más daño que bien. Puede hacer que un niño que tenga problemas para dormir sienta que hay algo inherentemente equivocado en él, ya sea que se atribuya a un problema biológico o a un problema de conducta, y rápidamente puede meter al niño en una etiqueta.

Ciertamente, la falta de sueño de calidad es a menudo una de las primeras explicaciones que se da a los padres o los cuidadores para explicar por qué su hijo batalla emocionalmente, lo cual significa que la falta de sueño con frecuencia se trata como una patología, complicando las cosas en lugar de ayudar a resolverlas.[13] Las interrupciones del sueño están generalmente en lo más alto de la lista de cosas que padres o cuidadores *deberían* considerar si su hijo se porta mal o expresa tristeza, enojo, frustración, etc. Por lo tanto, esto puede convertirse rápidamente en un problema estresante: si tu hijo está batallando para dormir, y te dicen que la causa de su problema es la falta de sueño y la solución es conseguir que duerma más horas para que no se desmorone mentalmente y físicamente, es fácil sentir pánico y desesperanza; sin embargo, necesitamos tener cuidado para evitar medicar y convertir en un problema excesivo la falta de sueño para los niños.

Aunque todos estamos de acuerdo en que el sueño es necesario para nuestro bienestar mental y físico, y bien puede ser una de las causas de un problema de conducta con el que batalle el niño, puede ser frustrante y estresante cuando nos dicen que nuestro hijo tan solo necesita "dormir más". Regresemos a la historia de Tim y los retos que tenía con el sueño, y los tipos de consejos y todas las cosas que tuvieron que hacer sus padres simplemente para conseguir que durmiera unas pocas horas. La situación puede convertirse rápidamente en una pesadilla literal.

Sin embargo, solamente cuatro días después de comenzar el Neurociclaje, Tim comenzó a dormir mejor. Cuando le pregunté a

Tim sobre esto, su respuesta me tomó por sorpresa. Me dijo: "Dra. Leaf, me gustan mucho los días de referencia. Usted dijo que el día 4 es un día de referencia para el cambio. El día 4 sí que tuve este cambio: con la ayuda de mi mamá, comencé a ver que mis pesadillas eran por qué no podía dormir, y comencé a sentir que podía hacer que se alejaran y que ya no podían controlarme más. Fue entonces cuando de repente se hizo más fácil quedarme dormido".

NECESITAMOS TENER CUIDADO PARA EVITAR MEDICAR Y CONVERTIR EN UN PROBLEMA EXCESIVO LA FALTA DE SUEÑO PARA LOS NIÑOS.

Cuando nos enfocamos solamente en un síntoma como la raíz de un problema, con frecuencia podemos pasar por alto el cuadro general. Una cosa que yo solía decir a los padres en mi consulta era que vieran las batallas del niño como un iceberg: solamente se ve la punta, pero hay muchísimo más debajo del agua. Lo estupendo acerca de las técnicas de manejo de la mente de las que hablo en este libro es que te ayudan a ti y a tu hijo a ver el resto del iceberg (o las raíces del árbol de pensamientos) de modo que ambos puedan entender el contexto de la vida de tu hijo y por qué está batallando. Esta es la clave para un cambio duradero.

Aun así, tal vez te preguntes: *¿Cuántas horas exactamente debería dormir mi hijo en la noche? ¿Hay un número mágico?* Hay mucha investigación sobre este tema, y se remonta hasta finales del siglo XIX. Sin embargo, a pesar de todos estos estudios, seguimos sin tener un consenso exacto sobre cuántas horas de sueño necesitan los niños cada noche.[14] Aunque no hay duda de que el sueño está relacionado con muchos beneficios, incluidos mayor energía y enfoque y la regeneración de importantes funciones psicológicas y fisiológicas,[15] muchos de los consejos dados a padres y cuidadores sobre el número de horas que necesitan dormir los niños proviene del debate.[16] En otras palabras,

¡no hay un número mágico! Tu hijo necesitará una cantidad única y singular sobre la base de sus necesidades individuales fisiológicas, neurológicas, psicológicas y ambientales.

Cuando se trata de los patrones de sueño de tu hijo, es importante tratarlo como un individuo con experiencias y necesidades únicas. Cuando te sientes estresado o temeroso, o cuando tu hijo se siente estresado o temeroso, recuérdate a ti mismo que no hay *un* modo correcto de dormir o un patrón de sueño correcto. De hecho, los niños en diferentes países tienen patrones de sueño variables dependiendo de cuál es su procedencia. Por ejemplo, los niños en Europa duermen, como promedio, en torno a 20-60 minutos más que los niños en Estados Unidos, y alrededor de 60-120 minutos más que los niños en países asiáticos.[17]

Además, el sueño no es en absoluto un estado constante. Nuevas investigaciones muestran que la expectativa de que una buena noche de sueño significa un sueño sin interrupción es incorrecta. Los neurotransmisores noradrenalina y norepinefrina, en concierto, nos despiertan más de cien veces en la noche, pero durante un momento tan fugaz que no lo notamos.[18] La noradrenalina nos refresca y la norepinefrina nos despierta. Esta combinación resetea el cerebro de modo que esté preparado para estabilizar la memoria cuando volvamos a quedarnos dormidos, y también nos ayuda a despertarnos descansados. En esencia, mientras más manejamos nuestra mente, más podemos beneficiarnos de este ciclo.

La idea de que la investigación sobre el sueño evoluciona constantemente en una dirección de la singularidad del individuo es esperanzadora, y un alivio para los padres cuyos hijos batallan para dormir. Creo que eliminar las "expectativas de sueño" también puede ayudar a eliminar cualquier estrés y ansiedad tóxicos que rodean el sueño, lo cual a su vez puede conducir a mejoras inmensas en la calidad del sueño de tu hijo, y del tuyo. En lugar de preocuparnos por que el niño duerma cierta cantidad de horas de la noche, es mejor enfocar nuestra energía y atención en ayudar al niño a encontrar su patrón de sueño único. Esto incluye acompañarlo en las asociaciones negativas que pueden haberse desarrollado con respecto al sueño, a qué se debe eso, y qué otra cosa puede que esté sucediendo en su vida.

ESTRÉS TÓXICO Y EL SUEÑO

Las interrupciones del sueño, al igual que el estrés que hay en torno a quedarse dormido, puede ser muy estresante para los niños, lo cual puede tener un efecto de bola de nieve y exacerbar sus problemas de sueño. Uno de los efectos físicos del estrés no manejado en el cerebro y el cuerpo es un eje pituitario hipotalámico hiperactivo (HPA; ver la imagen siguiente), que es el regulador de estrés en el cerebro y el cuerpo.[19] Esto puede conducir a mayores niveles de cortisol y adrenalina y menores niveles de melatonina,[20] lo cual, a su vez, puede dar como resultado ráfagas de adrenalina inducidas por el pánico que hacen que el niño de repente se siente sobre la cama con los ojos abiertos como platos y muy despierto. Si esto sucede regularmente a lo largo de un periodo de tiempo, esta respuesta al estrés puede conducir a mayor ansiedad, depresión, berrinches, aislamiento, y otras conductas.[21]

Si estás expuesto constantemente a conocimiento acerca de los riesgos relacionados con la falta de sueño, eso también puede hacer que los problemas de sueño de tu hijo sean más urgentes y estresantes. Ciertamente, preocuparte constantemente acerca de los patrones de sueño de tu hijo e identificar y etiquetar a tu hijo como alguien que duerme mal puede ser peor que su falta de sueño debido a toda la ansiedad relacionada con la situación. La expectativa de que las cosas irán mal y los posteriores problemas del sueño pueden quedar grabados en el cerebro como una red neuronal, y antes de darte cuenta habrán pasado 63 días, ¡y esperar un mal sueño se ha convertido en un hábito "practicado"!

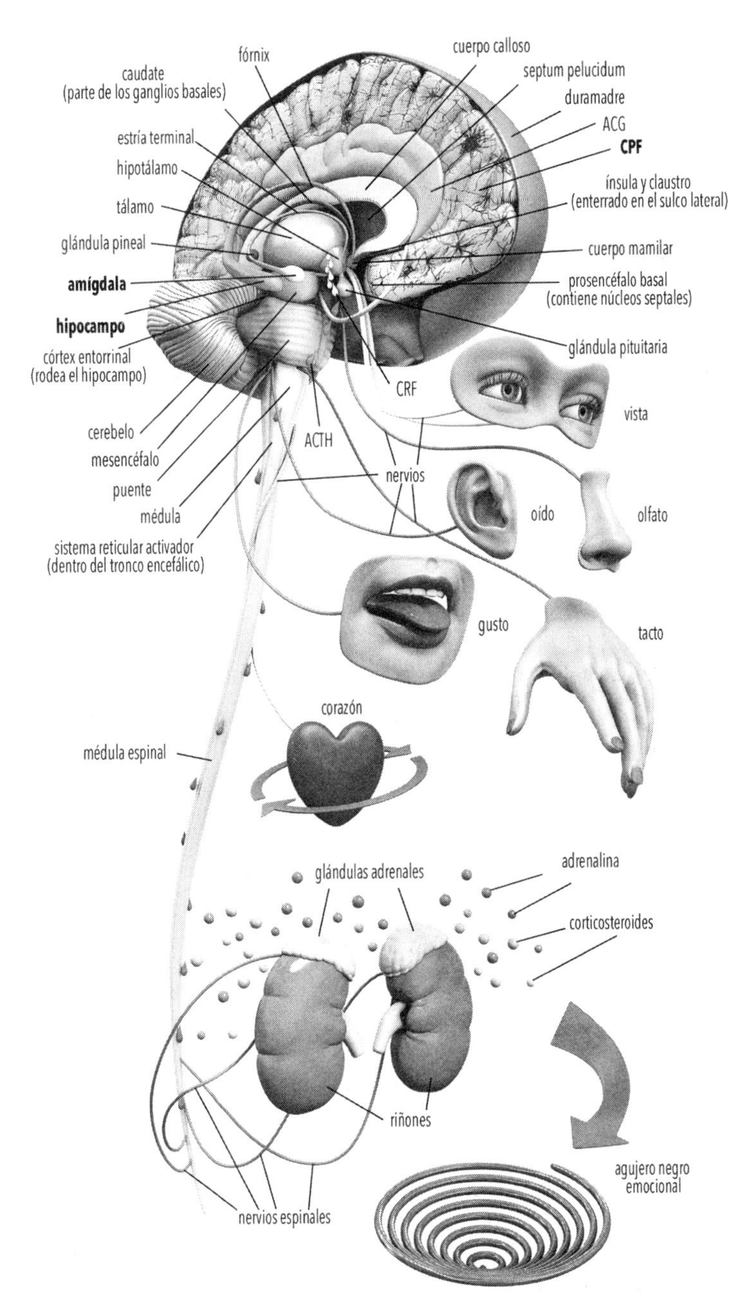

El eje hipotalámico pituitario

Eso no es lo mismo que decir que los problemas del sueño no son reales o estresantes. ¡Lo son! La Academia Americana de Pediatría calcula que del 25 al 50 por ciento de los niños tienen problemas de sueño,[22] una cifra que continúa aumentando cada año. A pesar de todo el tiempo y dinero empleados en resolver "los problemas del sueño" con ayudas para dormir y otras curas, sigue siendo un problema.[23]

Sin embargo, cuando la medicación excesiva cambia aspectos normales de la condición humana, no necesariamente hacemos que la vida sea mejor para nosotros mismos o para nuestros hijos. Como has estado aprendiendo a lo largo de este libro, el cerebro del niño es neuroplástico y puede cambiar. Tu hijo tiene la capacidad (utilizando el superpoder de Cerebrito, el Neurociclaje) de trabajar en batallas específicas y superarlas mediante el manejo de la mente. Siempre hay esperanza.

Cuando vemos los problemas del sueño del niño y el efecto que están teniendo como señales de advertencia de que algo está sucediendo en la vida del niño, en lugar de considerarlo algo patológico podemos reconceptualizar el modo en que vemos el sueño *y* reducir el estrés infantil que rodea al sueño. Además, a medida que trabajamos en el proceso de Neurociclaje con nuestros hijos en otras áreas de la vida, puede que incluso descubramos que eso terminará ayudando con sus batallas para dormir, como vimos en la historia de Tim. Todo está conectado.

PESADILLAS

Las personas pueden tener pesadillas a cualquier edad, pero parecen ser muy comunes en niños entre los 3 y 12 años de edad.[24] Aunque la causa exacta de las pesadillas no se entiende totalmente, hay varias razones por las que los niños pueden tenerlas. Los sueños se producen durante el movimiento ocular rápido (fase REM). Comenzamos con un sueño no REM (NREM), en el que la mente y el cerebro dejan de procesar el mundo exterior, y después progresamos hacia el sueño

REM, en el que la mente y el cerebro comienzan a procesar nuestra vida pensante interior.[25]

Como vimos en la parte 1, los pensamientos, con sus recuerdos enraizados, se almacenan en tres lugares: la mente, el cerebro, y el cuerpo. Las emociones que están enredadas con los datos de estos pensamientos pueden crear un desequilibrio y una alteración de la homeostasis de la mente, el cerebro y el cuerpo si son tóxicos o no están manejados. Surgen pesadillas potencialmente debido a esta red enredada, que puede estar causada por problemas crónicos como el trauma o por problemas del día a día como peleas con un hermano.[26]

Cuando estamos dormidos, la mente inconsciente interviene para resolver esos desequilibrios, intentando restaurar el orden en nuestros pensamientos. Las pesadillas parecen ser un modo en el que la mente intenta dar sentido a nuestras experiencias. Escáneres cerebrales muestran que la parte del cerebro que es muy activa cuando la mente procesa percepciones emocionales, la amígdala (o "biblioteca"), se vuelve casi frenética cuando tenemos una pesadilla; es como si la mente estuviera lidiando con un desequilibrio tóxico.[27] Sin embargo, la parte del cerebro que responde para equilibrar la amígdala, la corteza prefrontal (CPF) es menos activa. Como resultado, partes tóxicas o traumas y pensamientos reprimidos puede que estén ocultos de la mente consciente y solamente aparecen cuando estamos dormidos. Por eso, responder a los patrones en nuestros sueños como señales de advertencia y mensajeros, o convertirnos en lo que yo denomino "un detective de pensamientos en sueños" es una habilidad importante que enseñar a nuestros hijos.

Los sueños y las pesadillas serán únicos en cada niño.[28] Por lo general, sus propias perspectivas, su imaginación y su creatividad se expresarán en sus sueños y también en sus pesadillas. Al trabajar en el proceso de Neurociclaje con tu hijo, comenzarás a observar patrones de estresantes en su vida, y puede que entonces seas capaz de conectarlos con sus sueños.

23

■ ■ ■

PROBLEMAS DEL SUEÑO Y EL NEUROCICLAJE

No hay un número mágico de horas que el niño necesita dormir cada noche. Observa a tu hijo, comprueba cómo responde a diferentes horarios de sueño, y toma el tiempo para descubrir lo que funcione mejor para él.

Ayudar a tu hijo a prepararse para dormir comienza en la mañana, a pesar de lo contrario a la lógica que eso pueda sonar. El modo en que maneja su mente desde el momento en que se despierta influye en su bioquímica, su ritmo circadiano, y el flujo de energía en su mente consciente y su cerebro.[1] Esto, a su vez, influirá en cómo resulta el descanso en su día *y* en su noche.

Una mente y un cerebro enredados y no manejados pueden dar como resultado un día enredado y una noche enredada (por ej., interrupciones en el sueño). Por eso te recomiendo que hagas lo que yo denomino un "Neurociclaje de despertar del sueño", como analizamos a continuación, para ayudar a tu hijo a establecer una rutina diaria saludable. Este es un proceso rápido y fácil, y puede hacerse en un par de minutos. Incluso puedes incluir a toda la familia en esta rutina si lo deseas.

Si el sueño es un problema para tu hijo, o si tiene un patrón de problemas del sueño, además del Neurociclaje de despertar del sueño esfuérzate también por hacer un Neurociclaje completo de 63 días para intentar desenterrar los potenciales árboles de pensamientos que están afectando el sueño de tu hijo, de lo cual también hablamos a continuación. Puede que sean necesarios varios Neurociclajes, porque las pesadillas repetidas y persistentes son una indicación de que algo está intentando salir de la mente inconsciente.[2]

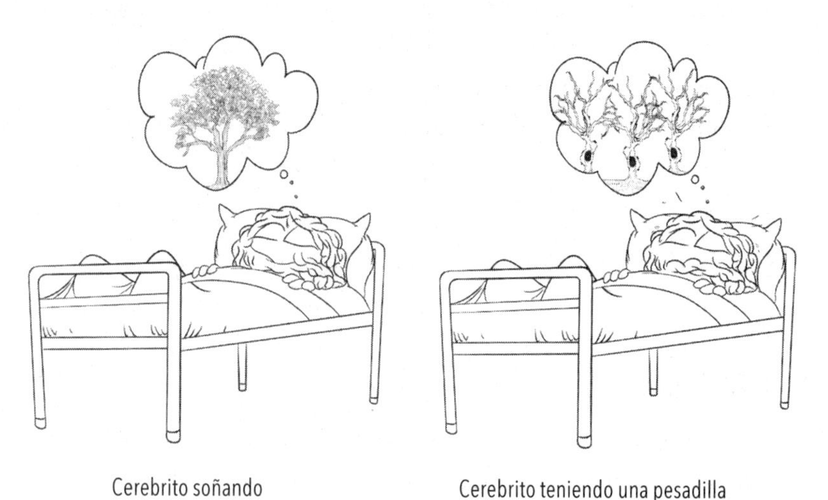

Cerebrito soñando

Cerebrito teniendo una pesadilla

El Neurociclaje también puede utilizarse como herramienta junto con buscar ayuda profesional para tu hijo si es necesario. A medida que trabajas con tu hijo en este proceso, le estarás ayudando a desenredar y ordenar las redes neuronales de su cerebro, haciendo que esos árboles de pensamientos poco sanos se conviertan en árboles de pensamiento sanos y en desarrollo. Esto, a su vez, ayudará a calmar su eje HPA, aumentando su capacidad para quedarse dormido y dormir bien.

NEUROCICLAJE DE DESPERTAR DEL SUEÑO

Puedes hacer que el Neurociclaje de despertar del sueño sea una pequeña rutina divertida que llevas a cabo cuando abrazas y besas a tu hijo al despertar. Puede que descubras que puedes recorrer los 5 Pasos mientras él sigue estando en la cama, o tal vez necesites hacerlo mientras haces que se levante y se prepare. Al principio puede parecer torpe, pero cuando lo hayas hecho algunas veces será más fácil, y finalmente se convertirá en una rutina que probablemente puedes hacer en menos de un minuto.

Recuerda: estás ayudando a tu hijo a ser observador en cuanto a sí mismo y comenzar a autorregularse cuando despierta, lo cual, como mencionamos antes, es un modo excelente de mejorar la salud cerebral y prepararlo para dormir en la noche. También es un modo estupendo de conectar con tu hijo al inicio del día y llegar a conocerlo a un nivel más profundo. Tu hijo sentirá que estás sintonizando con él, lo cual ayuda a crear un espacio seguro donde puede mostrarse abierto contigo y conversar contigo.

1. RECOLECTAR

Ayuda a tu hijo a Recolectar sus cuatro señales de advertencia motivándolo suavemente con algunas preguntas cuando despierta y/o cuando lo estás preparando para el día. Estas señales de advertencia están relacionadas con cómo despierta y cómo durmió.

Para todas las edades (utilizando palabras, imágenes o juguetes tal como sea apropiado), pregunta a tu hijo cosas como las siguientes:

"¿Estás contento? ¿Triste? ¿Preocupado? ¿Emocionado?"

"¿Cómo te sientes en tu cuerpo? ¿Te duele algo o te resulta incómodo?". (Puedes señalar a diferentes partes del cuerpo a medida que haces esta pregunta para ayudarlo a comunicar cómo se siente)

Mientras le haces las preguntas, toma nota de su perspectiva y su actitud cuando despierta. ¿Se queja? ¿Está contento o emocionado? Hazle preguntas también sobre cómo se siente en cuanto al día que comienza o cómo se siente sobre cómo durmió en la noche.

2. REFLEXIONAR

Pasa rápidamente al paso de Reflexionar con una sencilla pregunta: "¿Por qué te sientes de este modo?". Puede que no diga mucho porque aún está somnoliento, de modo que tal vez tengas que proporcionar palabras, juguetes o imágenes como motivación.

Mientras haces eso, ¿observas un pensamiento al que tal vez están unidas estas cuatro señales? ¿Es eso un patrón consistente en la vida de tu hijo, o una situación puntual?

Si tu hijo tuvo un sueño o una pesadilla de los que quiere conversar, recuerda que los sueños y las pesadillas no son explicaciones ni señales claras sino más bien productos del proceso de organización que realiza la mente inconsciente para limpiar el cerebro como preparación para el día siguiente, parecido a las tareas domésticas. No estás intentando interpretar sus sueños o pesadillas; tan sólo intentas observar el tipo de conversación, movimientos corporales, emociones y actitudes que están produciendo en tu hijo, y si son temas consistentes.

También es importante recordar que no todos los niños recordarán sus sueños, y eso está bien. Simplemente el proceso de atravesar estos pasos te dará perspectiva en cuanto al ánimo de tu hijo, y es un modo excelente de enseñarlo a practicar diariamente la autorregulación. Incluso si hay muy poca respuesta por parte de tu hijo al principio, y eres tú quien más habla mientras él simplemente asiente con la cabeza, hay algo que sigue ocurriendo en su mente y su cerebro, incluso si parece que no está sucediendo nada.

Para todas las edades, (utilizando palabras, imágenes o juguetes tal como sea apropiado), pregunta a tu hijo cosas como las siguientes:

"¿Por qué te sientes triste, contento, enojado, o______?"

"¿Por qué crees que te sientes así?"

"¿Quieres mostrarme cómo te sientes utilizando tus juguetes o tus imágenes (como el Cerebrito de juguete o dibujos de Cerebrito)?"

3. ESCRIBIR/JUGAR/DIBUJAR

Debido a que este Neurociclaje de despertar tras el sueño debería tomar sólo unos minutos, en realidad no tienes que pedir a tu hijo que escriba o dibuje cómo se siente y por qué. Puedes ayudarlo a visualizar este paso logrando que imagine y describa cómo se siente y por qué cree que se siente de ese modo.

PARA EDADES ENTRE 3 Y 5 AÑOS

Puedes tener a mano las cajas de dibujos (las cajas de las cuatro señales y la caja de Reflexionar) en caso de que él quiera agarrar una de ellas mientras lo ayudas a visualizar este paso. También recomiendo tener papel y pluma preparados por si tú mismo o él quieren dibujar algo. Algunas veces, tu hijo tal vez está demasiado angustiado o demasiado cansado para hablar, y puede que el dibujo le resulte un modo útil de comunicarse.

Puedes hacer preguntas como las siguientes:

"¿Quieres mostrarme un dibujo acerca de tu sueño?"

"¿Puedes hablarme de lo que soñaste?"

Al hacer este paso, también puedes señalar al dibujo de Cerebrito durmiendo con sueños y pesadillas que salen de su cerebro al inicio de este capítulo, y puedes preguntar a tu hijo: "Necesitamos atrapar esos pensamientos que pasan por tu cerebro mientras duermes e intentar repararlos, porque pueden afectar cómo duermes". Entonces puedes preguntarle si tuvo un sueño como el de Cerebrito y pedirle que te lo explique todo lo que pueda.

PARA EDADES ENTRE 6 Y 10 AÑOS

Para este paso, puedes hacer a tu hijo preguntas parecidas a las del grupo de edad más pequeño, pero incluyendo más palabras. También puedes preguntarle algo como esto: "¿Necesitas que te ayude con algunas palabras para que puedas explicar cómo te sientes?".

4. RECONFIRMAR

Para el paso de Reconfirmar, puedes tomar lo que tu hijo te dijo en los Pasos 1 al 3 y buscar patrones. Tu hijo puede recorrer este proceso recordando lo que visualizó en el Paso 3 y añadiendo otras cosas. Si tu hijo estaba demasiado cansado o no dijo nada, puedes darle, basándote en tus observaciones de su estado mental, una frase de aliento amorosa que pueda recordar durante el día para que así pueda sentirse amado y seguro, lo cual ayudará a calmar su respuesta al estrés y aumentar la probabilidad de que duerma bien la noche siguiente.

PARA EDADES ENTRE 3 Y 5 AÑOS

Para tu hijo entre 3 y 5 años, puedes decir cosas como las siguientes:

> "Estoy aquí para ayudarte siempre. ¿Puedo darte un abrazo para que te sientas mejor?". (Usa este paso solamente si le gustan los abrazos)

"Estoy muy orgulloso de cuán valiente eres por hablarme sobre tu sueño o tu pesadilla. Pensemos en un sueño hermoso para esta noche. ¿Con qué te gustaría soñar?"

"Hoy harás muchas cosas divertidas que te ayudarán a sentirte mejor. Vamos a enumerar algunas de esas cosas divertidas".

"Sé que _______ te está molestando y afectó cómo dormiste anoche. Recuerda que no tienes que solucionarlo todo y hacer que todo sea mejor hoy. Vamos a _______ para intentar que mejore un poco, ¿te parece?"

PARA EDADES ENTRE 6 Y 10 AÑOS

Para tu hijo de edades entre 6 y 10 años puedes decir algo parecido a las frases anteriores o ser más descriptivo con tus palabras. Por ejemplo, si tu hijo se peleó con su amigo, puedes decir algo como esto: "Sé que no sabes cómo arreglar la pelea que tuviste con tu amigo, pero no tienes que solucionarlo todo hoy. ¿Qué te parece si tomas esta galleta (o un regalo) para dársela y ver cómo responde? Puede que esto mejore las cosas, ¡y entonces tendrás mejores sueños esta noche!". O, si tu hijo siente que sus amigos se burlan de él y eso le produce pesadillas, puedes decir algo como esto: "Sé que tus amigos dicen que eres un poco raro y se burlan mucho de ti, pero tú no eres raro. ¡Eres único y asombroso! Tienes un superpoder de pensamiento único, como Cerebrito (muéstrale de nuevo el dibujo del superhéroe si quieres). Hoy intentemos practicar que te ames a ti mismo en lugar de preocuparte por lo que piensan de ti otras personas. Cuando te sientas triste, recuerda lo que te dije esta mañana: ¡tú eres asombroso!".

5. ACERCAMIENTO ACTIVO

Ayuda a tu hijo a crear una frase que pueda practicar a lo largo del día y que esté orientada a la solución, tal vez utilizando tus palabras derivadas del Paso 4. Recuerda a tu hijo que practique su Acercamiento Activo para ayudarlo a sentirse mejor a lo largo del día y dormir mejor en la noche.

PARA EDADES ENTRE 3 Y 5 AÑOS

Ayuda a tu hijo de 3 a 5 años a hacer un dibujo para recordarle su Acercamiento Activo para ese día. También puedes darle una pegatina o un juguete para recordárselo; asegúrate de que sea algo que pueda llevar a la escuela también si no estás con él durante el día.

PARA EDADES ENTRE 6 Y 10 AÑOS

Puedes usar las sugerencias anteriores para las edades de 3 a 5 años si lo deseas, o si tu hijo tiene un dispositivo, puedes ayudarlo a fijar sus propios recordatorios para practicar su Acercamiento Activo.

UN NEUROCICLAJE DE PROBLEMAS DEL SUEÑO

Como mencionamos antes, si el sueño es un problema para tu hijo, o si tiene un patrón de problemas del sueño, haz el Neurociclaje siguiente durante 63 días para intentar desenterrar el potencial árbol de pensamientos y los problemas que están afectando el sueño de tu hijo.

1. RECOLECTAR

Recolecta si tu hijo está mostrando un patrón de sueño que es diferente de lo normal, y cómo se muestra eso en sus señales de advertencia emocionales, conductuales, de sensación corporal, y de perspectiva. Puedes utilizar los ejemplos de Neurociclaje de despertar del sueño. Hazlo tan temprano en el día como sea posible.

2. REFLEXIONAR

Al Reflexionar en lo que recolectaste con tu hijo en el Paso 1, haz un auto chequeo rápido. ¿Cómo ves a tu hijo? ¿Están influyendo tus propias experiencias con el sueño en cómo ves y entiendes lo que está atravesando tu hijo? ¿Intentas realmente sintonizar con lo que tu hijo está experimentando?

Comparar sus patrones de sueño con tus experiencias o las experiencias de otro miembro de la familia puede hacerte pensar que lo que él hace es un problema porque es o no es lo mismo. Siempre deberíamos intentar contextualizar las experiencias de nuestros hijos en tiempo real basándonos en su contexto único, manteniéndonos tan libres como sea posible de nuestros propios prejuicios. En el caso contrario, podemos correr el riesgo de tener una perspectiva sesgada, lo cual puede hacer que las cosas sean más estresantes para todos los involucrados.

Cuando un niño parece estar portándose mal y se niega a dormir, tal vez está expresando frustración hacia algo que le inquieta o le confunde, e intenta comunicártelo. Es importante reflexionar en lo que hay *detrás* de sus señales de advertencia específicas, y no solamente disciplinarlo. Necesitamos ayudar a nuestros hijos a ver a qué señales de advertencia están unidas a esos pensamientos, lo cual saca a la luz los recuerdos enraizados en el pensamiento, para que tu hijo pueda trabajar en reconceptualizar el árbol de pensamientos y cambiar su conducta (como hablamos en las partes 1 y 2).

CUANDO UN NIÑO PARECE ESTAR PORTÁNDOSE MAL Y SE NIEGA A DORMIR, TAL VEZ ESTÁ EXPRESANDO FRUSTRACIÓN HACIA ALGO QUE LE INQUIETA O LE CONFUNDE, E INTENTA COMUNICÁRTELO.

Me encanta cómo me lo explicó Tim. Dijo que sus distintos sueños y pesadillas eran "como océanos y pescar peces en el mar. Algunas veces, los sueños dan mucho miedo. Es como el oscuro océano que está lleno de tiburones que dan mucho miedo, y necesito mucha ayuda de mi mamá y mi papá para ayudarme a matar uno de esos tiburones. Pero algunas veces los sueños son pequeños, como pescar peces pequeñitos que no me hacen sentir mal, solamente emocionado por pescar un pez y así poder llevarlo a casa y cuidarlo. Otras veces, los sueños son tan hermosos que es como observar delfines nadando a tu alrededor, y eso me hace sentir muy contento".

Puedes utilizar este ejemplo si lo deseas para ayudar a tu hijo a entender cómo son los sueños y las pesadillas y por qué están haciendo juntos el Neurociclaje para ayudarlo. También puedes utilizar las imágenes del árbol de pensamientos de las que hablamos antes para ayudarlo a entender.

PARA EDADES ENTRE 3 Y 5 AÑOS

Puedes explicar a tu hijo entre 3 y 5 años que sus malos sueños, sudores en la noche (o cualquiera que sea el problema) son como "pequeñas heridas" en su cerebro o como hojas y ramas partidas en su árbol de pensamientos. Cuando habla sobre ellos utilizando dibujos, palabras o juguetes, le ayudan a llegar a la raíz de esos árboles de pensamientos para hacer que sean mejores y más sanos, y que así ya no tenga miedo a dormir. Puedes utilizar la imagen de Cerebrito disfrutando de su árbol de pensamientos sanos en el capítulo 15 para ayudarte.

PARA EDADES ENTRE 6 Y 10 AÑOS

Puedes explicar la analogía de la pesca de Tim o del árbol de pensamientos anterior, o puedes ayudar a tu hijo a crear su propia analogía. Recuérdale que los árboles de pensamientos al que mira con sus ramas rotas (las señales de advertencia) se están debilitando porque está hablando de ellos; no los está ocultando en la tierra (la mente inconsciente) haciendo daño. Están saliendo a la superficie para que tu hijo pueda hacer que estén sanos.

3. ESCRIBIR/JUGAR/DIBUJAR

En este paso, ayuda a tu hijo a dibujar, a representar con juguetes, utilizar dibujos, escribir, o visualizar cualquier cosa de la que conversaron en los pasos anteriores de Recolectar y Reflexionar.

PARA EDADES ENTRE 3 Y 5 AÑOS

Al hacer el Paso 3 con tu hijo de 3 a 5 años, puedes hacer preguntas y crear frases basándote en el problema del sueño que esté teniendo, como las siguientes:

> "¿De qué trataba tu mal sueño? ¿Puedes mostrarme de qué trataba tu sueño utilizando dibujos o tus juguetes?"
>
> "Está bien; ahora estás seguro. Estoy aquí a tu lado".
>
> "No tienes que decírmelo ahora; podemos conversar de esto más tarde".
>
> "Vamos a escribir/jugar/dibujar acerca de tu sueño en otra habitación para que podamos sacar de tu cuarto las cosas que asustan".

PARA EDADES ENTRE 6 Y 10 AÑOS

Para el hijo de entre 6 y 10 años, puedes utilizar las mismas frases y preguntas anteriores basándote en el problema del sueño que esté teniendo. También puedes hacer que tu hijo siga el ejemplo de Tim. Él hizo una hoja de Neurociclaje del sueño con su mamá para ayudarlo a dormir mejor, y puede que también te resulte útil a ti con tu hijo. Él completó esa hoja para utilizarla en los pasos de Reconfirmar y Acercamiento Activo. En la hoja hay frases similares a las siguientes, con espacios para dibujar y describir:

1. No me gustó lo que soñé anoche porque me hizo sentir...
2. Estas son las cosas que me gustaría que no hubieran sucedido...
3. Este es un dibujo que cambia el final a otro que me gustaría.
4. Puedo cambiar mi sueño porque...

No me gustó mi sueño de anoche. Estas son cosas que hubiera deseado que no ocurrieran y que quiero cambiar.

- ______________________
- ______________________
- ______________________
- ______________________
- ______________________
- ______________________

Haz un dibujo cambiando el final de tu sueño como te gustaría. Puedes escoger cualquier final.

Puedo cambiar mi sueño porque soy más fuerte que eso.

Yo puedo cambiar mi sueño porque...

Yo puedo cambiar...

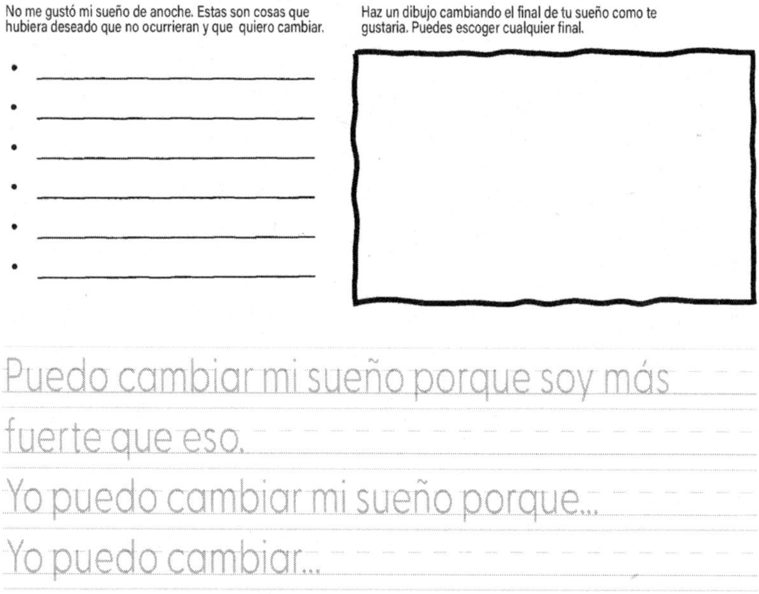

Hoja de Tim de Neurociclaje del sueño

4. RECONFIRMAR

Puede que haya muchos recuerdos enraizados en los árboles de pensamientos que aparecen en la alerta consciente de tu hijo y que están relacionados con su problema del sueño. La clave para ayudar a tu hijo en este paso es intentar juntar las piezas lentamente con el tiempo, basándote en cuánto pueda él manejar. Toma lo que hiciste en los

Pasos 1 al 3 y ayúdalo a crear una frase que pueda practicar a lo largo del día y que esté orientada a la solución.

Recuerda utilizar los ejercicios de descompresión del capítulo 7 para ayudar a tu hijo si está comenzando a sentirse estresado o angustiado.

PARA EDADES ENTRE 3 Y 5 AÑOS

En este paso, deja que tu hijo explique y hable de lo que escribió, dibujó, representó o visualizó en el Paso 3. Eso le ayudará a sentirse más en control de lo que no tiene sentido para él, y le ayudará a encontrar maneras de poder practicar el mejorar las cosas (o reconceptualizar ese árbol de pensamientos y hacer que esté sano).

Simplemente estar a su lado y escuchar a fin de resolver juntos ese problema del sueño ayuda a construir una relación de colaboración y facilitación con tu hijo en lugar de simplemente intentar solucionar su problema o etiquetarlo.

PARA EDADES ENTRE 6 Y 10 AÑOS

Tim me mostró un dibujo que había hecho de una casa con dos chimeneas que representaban su casa del sueño. Una de las chimeneas tenía humo negro (las pesadillas que daban miedo) y la otra tenía un humo muy ligero (los sueños hermosos). Me explicó que, al hacer el paso de Reconfirmar la pesadilla utilizando el Neurociclaje, decidió quemar la historia mala (humo negro) y sustituirla por una historia hermosa (humo ligero), y que eso era lo que practicaría pensar cuando se fuera a dormir aquella noche. Entonces dijo que iba a trabajar en las historias de lo que significaban las pesadillas con su mamá y su papá, porque pensaba que le estaban diciendo más cosas acerca de lo que sucedió cuando era pequeño. Entonces crearía una versión nueva de la historia que le haría sentirse mejor, menos enojado, y con más paz durante los 63 días de su siguiente Neurociclaje.

Puedes hacer algo parecido a eso con tu hijo. Él puede crear su propia imagen del sueño, o puedes utilizar los dibujos del árbol tóxico (ver parte 1). Haz que este paso sea sencillo y fácil de recordar y aplicar, como Tim cuando pensó en su imagen de las chimeneas antes de ir a dormir y decirse a sí mismo que iba a descubrir lo que le estaban diciendo los sueños para mejorar su historia, o para hacer que sus árboles de pensamientos estuvieran sanos. Sé todo lo tranquilizador y alentador posible al hacer esto con tu hijo, diciendo cosas como: "Siento mucho cómo te hizo sentir todo esto. Vamos a trabajar en mejorarlo juntos".

Durante este paso, también puedes hablar a tu hijo de cómo lidiaste tú con algo que te asustaba y te hacía tener pesadillas, o lo que haces cuando tienes un mal sueño. Por ejemplo, puedes decir algo parecido a lo siguiente: "Cuando tengo un mal sueño y me despierto, siempre me quedo sentado en la cama y me digo a mí mismo que eso no es verdad y que puedo descubrir mañana lo que significa cuando esté despierto. En ese momento, estoy seguro en la cama. Entonces enciendo la luz y pienso en algo feliz, o leo o veo algo divertido hasta que vuelva a calmarme y estar cansado otra vez". Esto puede ayudar a tu hijo a pensar en algunas ideas propias, o puede utilizar tus ideas para crear su Acercamiento Activo para practicar el nuevo árbol de pensamientos sano que intenta cultivar.

5. ACERCAMIENTO ACTIVO

Escoge una de las frases del paso de Reconfirmar que crearon tu hijo y tú, y alienta a tu hijo a escribir o hacer un dibujo para recordarle ese pensamiento durante el día (también puedes ayudarlo a dibujarlo o escribirlo). Por ejemplo, Tim escogió su Acercamiento Activo de su hoja de Neurociclaje del sueño y puso una alarma en su reloj para que sonara siete veces durante el día para recordarse a sí mismo practicar su Acercamiento Activo.

A continuación, tenemos algunos Acercamientos Activos estupendos que puedes hacer con tu hijo de cualquier edad para ayudarlo a manejar su problema del sueño:

- Ayuda a tu hijo a crear una frase que lo ayude a practicar el sentirse seguro y en paz cuando se vaya a dormir, como: "Estoy seguro. Mi familia está aquí para asegurarse de que esté a salvo".
- Alienta a tu hijo a abrazar su juguete favorito o su Cerebrito de juguete cuando se vaya a dormir para recordarle que su mente es fuerte y que él es más fuerte que la pesadilla o cualquier otro problema del sueño.
- Alienta a tu hijo a hacer un dibujo del sueño que le da miedo o de su problema del sueño, y después dóblalo y mételo en una caja que él pueda cerrar y después abrirla otra vez cuando esté preparado durante el día para hacer contigo el Neurociclaje acerca del problema. Recuerda que no tiene que hacer que todo mejore en este momento. Tienen tiempo, y las cosas mejorarán.
- Haz que su cuarto se sienta un lugar seguro y divertido. Hagan juegos en su cuarto, pongan dibujos por las paredes, construyan una tienda de campaña llena de todo lo que le gusta a tu hijo, y permítele que duerma dentro, que ponga su música favorita, o haga otra cosa que hará que el lugar donde duerme sea un lugar hermoso y feliz. Hazlo con tu hijo para que sienta que está haciendo algo positivo y constructivo para mejorar la situación.
- Recompensa y elogia a tu hijo en cuanto despierte en la mañana por ser lo bastante valiente para dormir y saber que su cuarto es un lugar seguro. Al mismo tiempo, recuérdale que siempre puede hablar contigo cuando se sienta asustado o preocupado.
- Lee a tu hijo una historia feliz antes de irse a la cama, y haz que cierre sus ojos e imagine lo que está escuchando. Esto le

ayudará a quedarse dormido con pensamientos de imágenes felices en su cabeza.

CONSEJOS ADICIONALES PARA AYUDAR A TU HIJO EN SUS RETOS DE SUEÑO Y DE PESADILLAS

A continuación, tenemos algunos consejos adicionales que pueden resultarte útiles a medida que trabajas con tu hijo en el Neurociclaje para ayudarlo a superar cualquier reto del sueño o las pesadillas. También son indicaciones estupendas para Acercamientos Activos.

- Recuerda que no hay un número mágico de horas que los niños necesitan dormir cada noche. Observa a tu hijo, comprueba cómo responde a diferentes horarios de sueño, y toma el tiempo para descubrir lo que mejor funcione para él. Algunas personas puede que necesiten más horas de sueño que otras, de modo que no compares los patrones de sueño de tu hijo con los de sus hermanos o los de otros niños.
- Algunos niños puede que descubran que ciertos consejos para mejorar la calidad del sueño no funcionan para ellos, y eso está bien y es normal. Experimenta y comprueba lo que mejor funcione para tu hijo.
- Si tu hijo está experimentando interrupciones del sueño, intenta comprobar primero lo que está atravesando dentro del contexto de sus experiencias únicas. ¿Qué está sucediendo en su vida que puede estar influenciando su sueño? ¿Ha habido algún reto importante en su vida recientemente? Podrías observar todo eso durante unos días o incluso semanas.
- Visita a un terapeuta o profesional del sueño si las interrupciones del sueño empeoran o continúan durante un periodo de tiempo extenso. Nunca te avergüences de pedir ayuda. Los problemas del sueño pueden estar relacionados con un problema biológico o neurológico, de modo que vale la pena investigar.

CONCLUSIÓN

La ciencia de la neuro plasticidad nos muestra que podemos ayudar a nuestros hijos a curar, reparar y crecer. Los retos de la vida no tienen que conducir a un daño permanente en su mente, su cerebro, o su cuerpo.

Como padre o cuidador, necesitas saber que los pensamientos negativos y temerosos cambian realmente la estructura cerebral y la química de tu hijo, como mencionamos en la parte 1. Cuando esto sucede en un cerebro joven y en desarrollo, su impacto puede permanecer hasta la adolescencia y la edad adulta.

Hay un amplio campo de investigación acerca del impacto de las experiencias adversas en la niñez sobre la mente, el cerebro, el cuerpo, la salud mental, y el futuro de los niños, gran parte de la cual hemos citado a lo largo de este libro. Como mencionamos anteriormente, niveles excesivos de estrés no manejado y pensamientos tóxicos en los niños pueden dar como resultado una mayor susceptibilidad a la enfermedad física y a problemas de salud mental de largo plazo. No podemos pasar por alto el impacto que la salud mental de nuestros hijos tiene en su vida.

Sin embargo, es increíblemente importante enfocarnos en el hecho de que hay mucha esperanza. La ciencia de la neuro plasticidad nos muestra que podemos ayudar a nuestros hijos a curar, reparar y crecer. Los retos de la vida no tienen que conducir a un daño permanente en su mente, su cerebro, o su cuerpo. Mediante el manejo de la mente, tu hijo puede aprender a tomar el control de su vida. Puedes enseñar a tu hijo a escribir sus propias historias.

MEDIANTE EL MANEJO DE LA MENTE, TU HIJO PUEDE APRENDER A TOMAR EL CONTROL DE SU VIDA. PUEDES ENSEÑAR A TU HIJO A ESCRIBIR SUS PROPIAS HISTORIAS.

Eso no significa eliminar lo que les ha sucedido a nuestros hijos o protegerlos de todo lo que pueda lastimarlos. Por mucho que queramos hacer eso, es imposible. Como he destacado a lo largo de este libro, nunca seremos capaces de cambiar lo que les sucedió a nuestros hijos, pero podemos cambiar cómo lo que les sucede se ve dentro de su mente, su cerebro y su cuerpo, y cómo influyen sus experiencias en su futuro. Esto es manejo de la mente en acción.

Podemos enseñar a nuestros hijos que la vida no se trata simplemente de eliminar pensamientos angustiosos. Se trata de limpiar esos enredos mentales que inevitablemente experimentaremos como seres humanos. Esto significa ayudar a nuestros hijos al llegar al *motivo* que hay detrás de sus pensamientos y cómo esos pensamientos se muestran en su vida. Entonces, podemos ayudarlos a llegar a aceptar y encontrar paz en lo que ha sucedido.

En este libro has estado aprendiendo a hacer eso con tu hijo mediante el Neurociclaje. Todo este sistema está diseñado para ayudar a nuestros hijos a aceptar y dar forma a sus propias historias únicas y singulares. A medida que lo hacemos, ayudamos a nuestros hijos a aprender a aceptar toda su humanidad, a desarrollar sus habilidades de autorregulación, autonomía e identidad, a crear su resiliencia, aumentar su seguridad, y manejar el estrés y la ansiedad. Este es el fundamento del bienestar mental. Estamos enseñando a nuestros hijos a ser superhéroes de la salud mental, ¡como Cerebrito!

RECONOCIMIENTOS

Muestro mi reconocimiento a cada investigador, científico, filósofo y maestro que he leído y de los que he aprendido, porque es sobre los hombros de los gigantes donde damos pequeños pasos hacia el futuro para hacer los cambios necesarios que ayudan a restaurar y sanar a la humanidad.

Mi reconocimiento a mis tres fenomenales hijas, a quienes tengo el privilegio de tener trabajando conmigo a tiempo completo. Alexy, mi hija menor y asistente de investigación, empleó literalmente horas a mi lado, conversando y ayudándome a mapear y darle sentido a interminables ideas e investigación en este campo tan enorme. Ella hizo un escrutinio meticuloso de cada una de mis palabras para lograr claridad y precisión científica. Sus perspectivas fueron fenomenales, sabias e invaluables. Jessica, mi hija mayor, dirige nuestra aplicación de apoyo técnico y atención al cliente, nuestro boletín de noticias y el blog, y es increíblemente eficiente en todo lo que hace. Ella editó y moldeó de modo brillante mi modo de escribir un tanto clínico y científico convirtiéndolo en una lectura fácil de entender que incluso yo misma disfruto al leerla. Dominique, mi segunda hija, productora destacable de podcast, y directora de mercadeo y desarrollo empresarial, tiene un modo excepcional de guiar la formación de conceptos a lo largo de todos los proyectos, incluido el proceso de desarrollo del libro, y es fantástica para ver los puntos clave en el manuscrito final que necesitan ser subrayados, ayudando a convertirlo en un todo cohesivo.

Mi reconocimiento a Gabby, que está en mi equipo de investigación y que hizo un trabajo sobresaliente ayudándome con el diseño gráfico y la actualización de interminables referencias para convertirlo todo en un formato ordenado y correcto; una tarea laboriosa que requiere tener ojo para el detalle. Ella hizo un trabajo asombroso.

Mi reconocimiento a Tim (su seudónimo) y a su madrastra y padrastro por permitirme el honor de intercalar su historia tan conmovedora en mi libro. No es fácil ser vulnerable, pero ellos lo fueron, y sé que a medida que leas su historia, recibirás ayuda y sentirás esperanza en muchos aspectos.

Mi reconocimiento a Brian, mi editor en Baker Books, por su capacidad para dar un paso atrás y observar el cuadro general y hacer comentarios que siempre mejoran el flujo del manuscrito. Mi reconocimiento también al resto del equipo Baker, con quienes he estado trabajando desde 2013. Ustedes son amables, divertidos, y siempre muy profesionales y alentadores.

Mi reconocimiento a mi hijo Jeffrey, que es un gran narrador de historias y escritor, y es coautor de cuentos infantiles acerca de las aventuras de Cerebrito, a quien has conocido a lo largo de este libro, que es transportado a un lugar misterioso llamado el ámbito cuántico, donde aprende a utilizar el antiguo superpoder, el Neurociclaje, y enfrenta y conquista al monstruo de los pensamientos tóxicos que amenaza con apoderarse de las mentes de todas las personas y destruir el mundo. Podrás leer estas historias junto con el Neurociclaje con tus hijos para ayudarlos a manejar su salud mental.

Mi reconocimiento a mi mamá, Anne, que es mi mayor seguidora, y que me ha enseñado tanto acerca de la crianza de los hijos.

Hace veinticinco años atrás, soñé con el personaje de Cerebrito que ves en este libro. Saraia, mi ilustradora, ha hecho un trabajo excepcionalmente fabuloso para actualizar al Cerebrito de veinticinco años y llevar mis visiones de Cerebrito a un nivel totalmente nuevo en este libro, ayudando a llevarlos a tus hijos y a ti a un viaje para manejar su salud mental colectiva.

Mi reconocimiento a todos mis pacientes a lo largo de los años que me han ayudado a ver con sus ojos los desafíos, el dolor y la sanidad, un privilegio extremo que no me tomo a la ligera, y que honro con toda mi investigación continuada para lograr que la salud mental sea accesible para todos.

Y, desde luego, no puedo *dejar* de mencionar mi reconocimiento a Simba y Nala, mis perritas shih-tzu, por hacerme reír, abrazarme y consolarme a lo largo de las largas horas que se necesitan para escribir un libro.

Y, por último, pero no menos importante, mi reconocimiento a mi esposo, Mac, que es el CEO de nuestra empresa. Su apoyo es interminable, desde el desayuno en la cama cuando trabajaba hasta muy tarde, hasta una progresión interminable de apoyo incondicional y de amor en todos los aspectos posibles. Yo soy fuerte, Mac, porque tú crees en mí y en mi trabajo. Te amo inmensamente.

NOTAS

PREFACIO

1. The State of Mental Health in America", Mental Health America, consultado en línea 25 de agosto de 2022, https://www.mhanational.org/issues/state-mental-health-america.

2. "U.S. Surgeon General Issues Advisory on Youth Mental Health Crisis Further Exposed by COVID-19 Pandemic", U.S. Department of Health & Human Services, 7 de diciembre de 2021, https://www.hhs.gov/about/news/2021/12/07/us-surgeon-general-issues-advisory-on-youth-mental-health-crisis-further-exposed-by-covid-19-pandemic.html.

3. Mental Health Million Project, "Mental State of the World 2021", Sapien Labs, consultado en línea 25 de agosto de 2022, https://sapienlabs.org/wp-content/uploads/2022/03/Mental-State-of-the-World-Report-2021.pdf.

4. "Stress Effects on the Body", American Psychological Association, 1 de noviembre de 2018, https://www.apa.org/topics/stress/body.

5. Rae Jacobson, "Metacognition: How Thinking About Thinking Can Help Kids", Child Mind Institute, 15 de agosto de 2021, https://childmind.org/article/how-metacognition-can-help-kids/.

CAPÍTULO 1: LA CONEXIÓN ENTRE MENTE, CEREBRO Y CUERPO

1. Ralph Lewis, "What Actually Is a Thought and How Is Information Physical?", *Psychology Today*, 24 de febrero de 2019, https://www.psychologytoday.com/us/blog/finding-purpose/201902/what-actually-is-thought-and-how-is-information-physical.

2. Arlin Cuncic, "What Happens to Your Body When You're Thinking?", VeryWellMind, 17 de julio de 2019, https://www.verywellmind.com/what-happens-when-you-think-4688619.

3. "Mental Illness and the Family: Recognizing Warning Signs and How to Cope", Mental Health America, consultado en línea 25 de agosto de 2022, https://www.mhanational.org/recognizing-warning-signs.

4. Kendra Cherry, "What Is Neuroplasticity?", VeryWellMind, 18 de febrero de 2022, https://www.verywellmind.com/what-is-brain-plasticity-2794886.

5. Giorgio A. Ascoli, *Trees of the Brain, Roots of the Mind* (Cambridge, MA: MIT Press, 2015).

6. Danielle Pacheco y Heather Write, "How Do Dreams Affect Sleep?", Sleep Foundation, 18 de marzo de 2022, https://www.sleepfoundation.org/dreams/how-do-dreams-affect-sleep.

7. Zamzuri Idris, "Quantum Physics Perspective on Electromagnetic and Quantum Fields Inside the Brain", *Malaysian Journal of Medical Sciences* 27, no. 1 (2020): pp. 1–5, https://www.ncbi.nlm.nih.gov/pmc/articles/PMC7053547/.

8. Caroline Leaf et al., "The Development of a Model for Geodesic Learning: The Geodesic Information Processing Model", *The South African Journal of Communication Disorders* 44 (1997): pp. 53–77. Para más informaciónn, ver Caroline Leaf, *Think, Learn, Succeed: Understanding and Using Your Mind to Thrive at School, the Workplace, and Life* (Grand Rapids: Baker Books, 2018), cap. 22.

9. Emma Young, "Lifting the Lid on the Unconscious", *New Scientist*, 25 de julio de 2018, https:// www.newscientist.com/article/mg23931880-400-lifting-the-lid-on-the-unconscious/; Leaf et al., "The Development of a Model for Geodesic Learning".

10. Matt James, "Conscious of the Unconscious". *Psychology Today*, 30 de julio de 2013, https:// www.psychologytoday.com/us/blog/focus-forgiveness/201307/conscious-the-unconscious.

11. Caroline Leaf, "Why Mind-Management Is the Solution to Cleaning Up Your Mental Mess: White Paper", consultado en línea 13 de septiembre de 2022, https://cdn.shopify.com/s/files/1/1810

/9163/files/General_White_Paper_100720_final_version.pdf ?v=1602124109.

12. Greg Lukianoff y Jonathan Haidt, *The Coddling of the American Mind: How Good Intentions and Bad Ideas Are Setting Up a Generation for Failure* (New York: Penguin, 2018), p. 24.

13. Nassim Nicholas Taleb, *Antifragile: Things That Gain from Disorder* (New York: Random House, 2012).

CAPÍTULO 5: PAUTAS ÚTILES

1. Raising Children Network, "3–4 Years: Preschooler Development", Raising Children: The Australian Parenting Website, consultado en línea 13 de diciembre de 2022, https://raisingchildren.net.au/preschoolers/development/development-tracker/3-4-years; ACT, "Cognitive and Social Skills to Expect from 3 to 5 Years", American Psychological Association, consultado en línea 13 de diciembre de 2022, https://www.apa.org/act/resources/fact-sheets/development-5-years.

2. Grupo MContigo, "From the Subconscious Mind to the Conscious Mind", *Exploring Your Mind* (blog), 9 de diciembre de 2017, https://exploringyourmind.com/subconscious-mind-conscious-mind/.

3. Raising Children Network, "5–6 Years: Preschooler Development", Raising Children: The Australian Parenting Website, consultado en línea 13 de diciembre de 2022, https://raisingchildren.net.au/school-age/development/development-tracker/5-6-years; Wendy Wisner, "5-Year-Old Child Development Milestones", VeryWellFamily, 3 de febrero de 2022, https://www.verywellfamily.com/5-year-old-developmental-milestones-620713.

4. Raising Children Network, "6–8 Years: Child Development", Raising Children: The Australian Parenting Website, consultado en línea 13 de diciembre de 2022, https://raisingchildren.net.au /school-age/development/development-tracker/6-8-years; Wendy Wisner, "7-Year-Old Child Development Milestones", VeryWellFamily, 15 de marzo de 2022, https://www.verywell family.com/7-year-old-developmental-milestones-620704.

5. Elisa Cinelli, "9-Year-Old Child Development Milestones", VeryWellFamily, 14 de marzo de 2022, https://www.verywellfamily.com/9-year-old-developmental-milestones-620731; Centers for Disease Control and Prevention, "Middle Childhood (9–11 Years of Age)", CDC Child Development, 23 de septiembre de 2021, https://www.cdc.gov/ncbddd/childdevelopment /positiveparenting/middle2.html.

CAPÍTULO 6: EL PODER DE LA AUTORREGULACIÓN

1. Marianne Stein, "When Mom and Child Interact, Physiology and Behavior Coordinate", ScienceDaily, 11 de noviembre de 2021, https://www.sciencedaily.com/releases/2021/11/211111130301.htm.

CAPÍTULO 8: CÓMO HACER EL PASO 1: RECOLECTAR

1. New York University, "Young Children's Sense of Self Is Similar to That of Adults", ScienceDaily, 24 de agosto de 2017, https://www.sciencedaily.com/releases/2017/08/170824110614.htm.

CAPÍTULO 12: CÓMO HACER EL PASO 5: ACERCAMIENTO ACTIVO

1. I. G. Sarason, "Anxiety, Self-Preoccupation and Attention", *Anxiety Research* 1, no. 1 (1988): pp. 3–7.

CAPÍTULO 13: EL MOMENTO DEL NEUROCICLAJE

1. Srini Pillay, "Your Brain Can Only Take So Much Focus", *Harvard Business Review,* 12 de mayo de 2017, https://hbr.org/2017/05/your-brain-can-only-take-so-much-focus; Megan Reitz y Michael Chaskalson, "Mindfulness Works but Only If You Work at It", *Harvard Business Review,* 4 de noviembre de 2016, https://hbr.org/2016/11/mindfulness-works-but-only-if-you-work-at-it?registration=success.

2. Emily Swaim, "7 Reminders to Carry with You on Your Trauma Recovery Journey", Healthline, 25 de mayo de 2022, https://www.healthline.com/health/mental-health/trauma-recovery.

3. Ben D. Gardner, "Busting the 21 Days Habit Formation Myth", *Health Chatter* (blog), 29 de junio de 2012, https://blogs.ucl.ac.uk/bsh/2012/06/29/busting-the-21-days-habit-formation-myth/.

4. Society for Personality and Social Psychology, "How We Form Habits, Change Existing Ones", ScienceDaily, 8 de agosto de 2014, https://www.sciencedaily.com/releases/2014 /08/140808111931.htm. Ver también Caroline Leaf, *Cleaning Up Your Mental Mess: 5 Simple, Scientifically Proven Steps to Reduce Anxiety, Stress, and Toxic Thinking* (Grand Rapids: Baker Books, 2021), cap. 10.

5. Lou Whitaker, "How Does Thinking Positive Thoughts Affect Neuroplasticity?", Meteor Education, consultado en línea 14 de septiembre de 2022, https://meteoreducation.com/how-does-thinking-positive-thoughts-affect-neuroplasticity/.

6. Courtney E. Ackerman, "23 Amazing Health Benefits of Mindfulness for Body and Brain", *Positive Psychology* (blog), 6 de marzo de 2017, https://positivepsychology.com/benefits-of-mindfulness/.

7. Jerry Fodor, "Précis of *The Modularitd of Mind*", *Behavioral and Brain Sciences* 8 (1985): pp. 1–42, https://media.pluto.psy.uconn.edu/Fodor%20modularity%20precis%20w %20comment.pdf.

8. Eddie Harmon-Jones, Philip A. Gable, y Tom F. Price, "The Influence of Affective States Varying in Motivational Intensity on Cognitive Scope", *Frontiers in Integrative Neuroscience* 6 (10 de septiembre de 2012): p. 73, https://www.ncbi.nlm.nih.gov/pmc/articles /PMC3437552/.

CAPÍTULO 14: TRAUMA

1. "Complex Trauma: Effects", The National Child Traumatic Stress Network, consultado en línea 14 de septiembre de 2022, https://www.nctsn.org/what-is-child-trauma/trauma-types/complex-trauma/effects.

2. Jasmine Purnomo, "Wired for Danger: The Effects of Childhood Trauma on the Brain", BrainFacts, 19 de octubre de 2020, https://www.brainfacts.org/thinking-sensing-and -behaving/childhood-and-adolescence/2020/wired-for-danger-the-effects-of-childhood-trauma-on-the-brain-101920.

3. Nathan H. Lents, "Trauma, PTSD, and Memory Distortion", *Psychology Today*, 23 de mayo de 2016, https://www.psychologytoday.com/us/blog/beastly-behavior/201605/trauma-ptsd-and-memory-distortion.

4. Neuroscience Center, "The Brain and Common Psychiatric Disorders", *Psychology Today*, consultado en línea 14 de septiembre de 2022, https://www.psychologytoday.com/us/basics/neuro science/the-brain-and-common-psychiatric-disorders.

5. Erin Maynard, "How Trauma and PTSD Impact the Brain", VeryWellMind, 13 de febrero de 2020, https://www.verywellmind.com/what-exactly-does-ptsd-do-to-the-brain-2797210.

6. David Waters, "Memphis Scientists Treat Young Trauma Victims by 'Training' Their Brain Waves", The Institute for Public Service Reporting Memphis, 13 de septiembre de 2019, https://www.psrmemphis.org/part-2-memphis-scientists-treat-young-trauma-victims-by-training-their-brain-waves.

7. Leigh G. Goetchius et al., "Amygdala-Prefrontal Cortex White Matter Tracts Are Widespread, Variable and Implicated in Amygdala Modulation in Adolescents", *Neuroimage* 191 (2019), https://www.ncbi.nlm.nih.gov/pmc/articles/PMC6440813/.

8. Leaf, "Why Mind-Management Is the Solution".

9. Min Jin Jin et al., "An Integrated Model of Emotional Problems, Beta Power of Electroencephalography, and Low Frequency of Heart Rate Variability after Childhood Trauma in a Non-Clinical Sample: A Path Analysis Study", *Psychiatry* 8 (22 de enero de 2018), https://www.frontiersin.org/articles/10.3389/fpsyt.2017.00314/full.

10. Children's Welfare Information Gateway, "Parenting a Child Who Has Experienced Trauma", *Fact Sheet for Families*, noviembre de 2014, https://www.childwelfare.gov/pubpdfs/child-trauma.pdf.

11. Leah K. Gilbert et al., "Childhood Adversity and Adult Chronic Disease: An Update from Ten States and the District of Columbia", *American Journal of Preventive Medicine* 48, no. 3 (1 de marzo de 2015): 345–49, https://doi.org/10.1016/j.amepre.2014.09.006.

12. Rachel A. Vaughn-Coaxum et al., "Associations between Trauma Type, Timing, and Accumulation on Current Coping Behaviors in Adolescents: Results from a Large, Population-Based Sample", *Journal of Youth and Adolescence* 47 (2018): 842–58, https://doi.org/10.1007%2Fs10964-017-0693-5.

13. Leaf, "Why Mind-Management Is the Solution".

CAPÍTULO 16: PROBLEMAS DE IDENTIDAD

1. University of Zurich, "Every Person Has a Unique Brain Anatomy", ScienceDaily, 10 de julio de 2018, https://www.sciencedaily.com/releases/2018/07/180710104631.htm.

2. Johanna Kehusmaa et al., "The Association between the Social Environment of Childhood and Adolescence and Depression in Young Adulthood: A Prospective Cohort Study", *Journal of Affective Disorders* 305 (May 15, 2022): pp. 37–46, https://www.sciencedirect.com/science/article/pii/S0165032722002166#s0090/.

3. Bob Cunningham, "The Importance of Positive Self-Esteem for Kids", Understood, consultado en línea 14 de septiembre de 2022, https://www.understood.org/en/articles/the-importance-of-positive-self-esteem-for-kids.

4. Lauren DiMaria, "The Importance of a Child's Social Identity", VeryWellMind, 25 de abril de 2022, https://www.verywellmind.com/the-importance-of-a-childs-social-identity-1066758.

5. John Sciamanna, "Increased Suicide Rates among Children Aged 5 to 11 Years in the U.S.", Child Welfare League of America, consultado en línea 14 de septiembre de 2022, https://www.cwla .org/increased-suicide-rates-among-children-aged-5-to-11-years-in-the-u-s/.

6. Peter Sterling y Simon Laughlin, *Principles of Neural Design* (Cambridge, MA: MIT Press, 2015).

7. Journal of the American Medical Association, "Levels of Certain Hormones May Be Increased by Stress", ScienceDaily, 3 de agosto de 2004, https://www.sciencedaily.com/releases/2004/08/040803094422.htm.

8. Paul Fitzgerald y Brendon Watson, "Gamma Oscillations as a Biomarker for Major Depression: An Emerging Topic", *Translational Psychiatry* 8, artículo 177 (4 de septiembre de 2018), https://www.nature.com/articles/s41398-018-0239-y; Sang-Choong Roh et al., "EEG Beta and Low Gamma Power Correlates with Inattention in Patients with Major Depressive Disorder", *Journal of Affective Disorders* 204 (1 de noviembre de 2016): 124–30, http://dx.doi.org /10.1016/j.jad.2016.06.033.

9. Jaskanwal Deep Singh Sara et al., "Mental Stress and Its Effects on Vascular Health", *Mayo Clinic Proceedings* 97, no. 5 (1 de mayo de 2022): pp. 951–90, https://www.mayoclinicproceedings.org/article/S0025-6196(22)00104-5/fulltext; Jiongjiong Wang et al., "Perfusion Functional MRI Reveals Cerebral Blood Flow Pattern under Psychological Stress", *Proceedings of the National Academy of Sciences of the United States of America* 102, no. 49 (23 de noviembre de 2005): 17804–9, https://doi.org/10.1073%2Fpnas.0503082102.

10. Rammohan V. Rao y Dale E. Bredesen, "Misfolded Proteins, Endoplasmic Reticulum Stress and Neurodegeneration", *Current Opinions in Cellular Biology* 16, no. 6 (diciembre de 2004): pp. 653–62, https://www.ncbi.nlm.nih.gov/pmc/articles/PMC3970707/.

11. Fulvio D'Acquisto, "Affective Immunology: Where Emotions and the Immune Response Converge", *Dialogues in Clinical Neuroscience* 19, no. 1 (marzo de 2017): pp. 9–19, https://www.ncbi.nlm.nih.gov/pmc/articles/PMC5442367/.

12. Asuka Sawai et al., "Influence of Mental Stress on the Plasma Homocysteine Level and Blood Pressure Change in Young Men", *Clinical and Experimental Hypertension* 30, no. 3 (2008): pp. 233–41, https://doi.org/10.1080/10641960802068725.

13. Elizabeth Blackburn y Elissa Epel, *The Telomere Effect: A Revolutionary Approach to Living Younger, Healthier, Longer* (New York: Grand Central, 2017).

14. Walaa Elsayed, "The Negative Effects of Social Media on the Social Identity of Adolescents from the Perspective of Social Work", *Helidon* 7, no. 2 (febrero de 2021), https:// www.sciencedirect.com/science/article/pii/S2405844021004321.

15. Eva Lazar, "How Parents Can Foster Autonomy and Encourage Child Development", *Good Therapy* (blog), 4 de julio de 2018, https://www.goodtherapy.org/blog/how-parents-can-foster-autonomy-encourage-child-development-0704184.

16. Kendra Cherry, "Why Parenting Styles Matter When Raising Children", VeryWell- Mind, 14 de abril de 2020, https://www.verywellmind.com/parenting-styles-2795072.

17. Rae Jacobson, "Teaching Kids about Boundaries", Child Mind Institute, consultado en línea 14 de septiembre de 2022, https://childmind.org/article/teaching-kids-boundaries-empathy/.

18. Katherine Lee, "How to Set Healthy Boundaries for Kids", VeryWellFamily, 1 de abril de 2021, https://www.verywellfamily.com/whos-the-boss-how-to-set-healthy-boundaries-for-kids-3956403.

19. Jason Rafferty, "Gender Identity Development in Children", Healthy Children, consultado en línea 14 de septiembre de 2022, https://www.healthychildren.org/English/ages-stages/grade school/Pages/Gender-Identity-and-Gender-Confusion-In-Children.aspx.

20. Rebecca Fraser-Thrill, "Major Domains in Child Development", VeryWellFamily, 27 de noviembre de 2021, https://www.verywellfamily.com/definition-of-domain-3288323#toc-cognitive-development.

21. New York University, "Young Children's Sense of Self".

22. American Academy of Pediatrics, "Healthy Communication with Your Child", Cradle thru College Care, consultado en línea 14 de septiembre de 2022, https://www.cradlethrucollege.com/Healthy-Communication-With-Your-Child.

23. Amy Morin, "5 Major Problems with Helicopter Parenting", *Psychology Today*, 19 de febrero de 2018, https://www.psychologytoday.com/us/blog/what-mentally-strong-people-dont-do/201802/5-major-problems-helicopter-parenting.

24. Kaitlin Luna, "Helicopter Parenting May Negatively Affect Children's Emotional Well-Being, Behavior", American Psychological Association, 18 de junio de 2018, https://www.apa.org/news/press/releases/2018/06/helicopter-parenting.

25. Joel L. Young, "The Effects of Helicopter Parenting", *Psychology Today*, 25 de enero de 2017, https://www.psychologytoday.com/us/blog/when-your-adult-child-breaks-your-heart/201701/the-effects-helicopter-parenting.

26. Leon F. Seltzer, "From Parent-Pleasing to People-Pleasing (Part 2 of 3)", *Psychology Today*, 25 de julio de 2008, https://www.psychologytoday.com/us/blog/evolution-the-self/200807/parent-pleasing-people-pleasing-part-2-3.

27. Carrie Barron, "Hands-Off Parenting for Resilient, Resourceful Children", *Psychology Today*, 28 de abril de 2016, https://www.psychologytoday.com/us/blog/the-creativity-cure/201604/hands-parenting-resilient-resourceful-children.

CAPÍTULO 17: PROBLEMAS DE IDENTIDAD Y EL NEUROCICLAJE

1. Krischa Esquivel et al., "3.2: How Children Develop Identity", *The Role of Equity and Diversity in Early Childhood Education*, 4 de enero de 2021, https://socialsci.libretexts.org/Bookshelves/Early_Childhood_Education/Book:_The_Role_of_Equity_and_Diversity_in _Early_Childhood_Education_(Esquivel_Elam_Paris_and_Tafoya).

2. D. Pepler y K. Bierman, "With a Little Help from My Friends: The Importance of Peer Relationships for Social-Emotional Development", Robert Wood Johnson Foundation, 1 de noviembre de 2018, https://www.rwjf.org/en/library/research/2018/11/with-a-little-help-from-my-friends--the-importance-of-peer-relationships-for-social-emotional-development.html.

CAPÍTULO 18: INTERACCIONES SOCIALES

1. Richard Armitage, "Bullying in Children: Impact on Child Health", *BMJ Paediatrics Open* 5, no. 1 (2021), https://doi.org/10.1136%2Fbmjpo-2020-000939.

2. Gokmen Arslan, Kelly-Ann Allen, y Ahmet Tanhan, "School Bullying, Mental Health, and Wellbeing in Adolescents: Mediating Impact of Positive Psychological Orientations", *Child Indicators Research* 14 (2021): pp. 1007–26, https://link.springer.com/article/10.1007/s12187-020-09780-2.

3. Francesc Sidera, Elisabet Serrat, y Carles Rostan, "Effects of Cybervictimization on the Mental Health of Primary School Students", *Frontiers in Public Health* (May 24, 2021), https://doi.org/10.3389/fpubh.2021.588209.

4. Gokmen Arslan, Kelly-Ann Allen, y Ahmet Tanhan, "School Bullying, Mental Health, and Wellbeing in Adolescents: Mediating Impact of Positive Psychological Orientations", *Child Indicators Research* 14 (2021), https://link.springer.com/article/10.1007 /s12187-020-09780-2.

5. Sidera, Serrat, y Rostan, "Effects of Cybervictimization".

6. Gary Drevitch, "How Children Develop Empathy", *Psychology Today*, 19 de mayo de 2019, https://www.psychologytoday.com/us/blog/smart-parenting-smarter-kids/201905/how-children-develop-empathy.

7. Ugo Uche, "Empathy Promotes Emotional Resiliency", *Psychology Today*, 18 de mayo de 2010, https://www.psychologytoday.com/us/blog/promoting-empathy-your-teen/201005/empathy-promotes-emotional-resiliency.

8. Laura Howard, "Why Is Empathy Important for Kids? Tips to Build Empathy in Children", Atlanta Innovative Counseling Center, 29 de abril de 2020, https://www.atlantainno vativecounseling.com/aicc-blog/why-is-empathy-important-for-kids-tips-to-build-empathy-in-children.

9. Kathy Reschke, "Who Am I? Developing a Sense of Self and Belonging", Zero to Three, 10 de abril de 2020, https://www.zerotothree.org/resources/2648-who-am-i-developing-a-sense-of-self-and-belonging.

10. Ross Thompson y Emily Newton, "Baby Altruists? Examining the Complexity of Prosocial Motivation in Young Children", *Infancy* 18, no. 1 (2012): pp. 120–33, https://onlinelibrary.wiley.com/doi/abs/10.1111/j.1532-7078.2012.00139.x.

11. Fatima Malik y Raman Marwaha, "Developmental Stages of Social Emotional Development in Children", *StatPearls*, 10 de mayo de 2022, https://www.ncbi.nlm.nih.gov/books /NBK534819/.

12. Ioana Lepadatu, "How Children See Their Parents: A Short Intergeneration Comparative Analysis", *Procedia: Social and Behavioral Sciences* 187 (2015): pp. 5–9, https://www.science direct.com/science/article/pii/S1877042815017954/pdf ?md5=ee7f31c5aafff4f4580380d53e4 0e034&pid=1-s2.0-S1877042815017954-main.pdf&_valck=1.

13. National Society for the Prevention of Cruelty to Children, "Attachment and Child Development", NSPCC Learning, 10 de agosto de 2021, https://learning.nspcc.org.uk/child -health-development/attachment-early-years#heading-top.

14. National Society for the Prevention of Cruelty to Children, "Attachment and Child Development".

15. Anna Freud National Centre for Children and Families, "Attachment and Child Development", Mentally Healthy Schools, consultado en línea 22 de septiembre de 2022, https://www.mentallyhealthyschools.org.uk/mental-health-needs/attachment-and-child-development/.

16. Madeline Harms et al., "Instrumental and Cognitive Flexibility Processes Are Impaired in Children Exposed to Early Life Stress", *Developmental Science* 21, no. 4 (19 de octubre de 2017), https://doi.org/10.1111/desc.12596.

CAPÍTULO 20: ETIQUETAS

1. National Institute of Mental Health, "Attention-Deficit/Hyperactivity Disorder", U.S. Department of Health and Human Services, consultado en línea 14 de septiembre de 2022, https://www.nimh.nih.gov/health/statistics/attention-deficit-hyperactivity-disorder-adhd.

2. Christel Renoux et al., "Prescribing Trends of Attention-Deficit Hyperactivity Disorder (ADHD) Medications in UK Primary Care, 1995–2015", *British Journal of Clinical Pharmacology* 82, no. 3 (4 de mayo de 2016): pp. 858–68, https://doi.org/10.1111%2Fbcp.13000.

3. Jane Costello, William Copeland, y Adrian Angold, "The Great Smoky Mountains Study: Developmental Epidemiology in the Southeastern United States", *Social Psychiatry and Psychiatric Epidemiology* 51, no. 5 (24 de marzo de 2016): pp. 639–46, https://doi.org/10.1007 %2Fs00127-015-1168-1.

4. Allen J. Frances, "Keith Connors, Father of ADHD, Regrets Its Current Misuse", *Psychology Today,* 28 de marzo de 2016, https://www.psychologytoday.com/intl/blog/saving-normal/201603/keith-connors-father-adhd-regrets-its-current-misuse.

5. Jimena Tavel, "ADHD Meds Don't Lead to Higher Grades or More Learning, FIU Study Finds", *Miami Herald,* 24 de mayo de 2022, https://www.miamiherald.com/news/local/education/article261714172.html.

6. Yunhye Oh, Yoo-Sook Joung, y Jinseob Kim, "Association between Attention Deficit Hyperactivity Disorder Medication and Depression: A 10-Year Follow-Up Self- Controlled Case Study", *Clinical Psychopharmacology and Neuroscience* 20, no. 2 (2022): pp. 320– 29, https://www.cpn.or.kr/journal/view.html?volume=20&number=2&spage=320#B19.

7. Peter C. Gøtzsche, "A Hopelessly Flawed Seminar in 'The Lancet' about Suicide", *Mad in America,* 1 de junio de 2022, https://www.madinamerica.com/2022/06/flawed-lancet-suicide/.

8. Sami Timimi, *Insane Medicine: How the Mental Health Industry Creates Damaging Treatment Traps and How You Can Escape Them* (autopublicado, 2021).

9. Peter Simons, "Researchers Question the 'Adequacy and Legitimacy' of ADHD Diagnosis", *Mad in America,* 5 de septiembre de 2017, https://www.madinamerica.com/2017/09 /researchers-question-adequacy-legitimacy-adhd-diagnosis/.

10. Caroline Leaf, "Mind-Mapping: A Therapeutic Technique for Closed-Head Injury" (tesis de la maestría, Universidad de Pretoria, 1990). Ver también Caroline Leaf, "The Mind-Mapping Approach: A Model and Framework for Geodesic Learning" (DPhil diss., University of Pretoria, 1997).

11. Caroline Leaf, "Switch on Your Brain 5-Step Learning Process: Classroom Results", Dr.Leaf.com, 2013, https://cdn.shopify.com/s/files/1/1810/9163/files/Web-page-AA-research-project.pdf ?134.

12. Corinne Rees, "Childhood Attachment", *British Journal of General Practice* 57, no. 544 (2007): pp. 920–22, https://www.ncbi.nlm.nih.gov/pmc/articles/PMC2169321/.

13. Gøtzsche, "A Hopelessly Flawed Seminar".

14. Paula Caplan, "Psychiatry's Bible, the DSM, Is Doing More Harm Than Good", *Washington Post,* 27 de abril de 2012, https://www.washingtonpost.com/opinions/psychiatrys-bible-the-dsm-is-doing-more-harm-than-good/2012/04/27/gIQAqy0WlT_story.html. Ver también Paula J. Caplan, "How *Do* They Decide Who Is Normal? The Bizarre, but True, Tale of the *DSM* Process", *Canadian Psychology / Psychologie Canadienne* 32, no. 2 (1991): pp. 162–70.

15. Juho Honkasilta, "Voices behind and beyond the Label: The Master Narrative of ADHD (De)constructed by Diagnosed Children and Their Parents", *Jdväskdlä Studies in Education, Psychology and Social Research* 553 (2016), https://jyx.jyu.fi/handle/123456789 /49720.

16. Julie Allan, "Problem Behaviour in Children Is Not Always a Mental Disorder", *The Conversation*, 11 de junio de 2014, https://theconversation.com/problem-behaviour-in-children-is-not-always-a-mental-disorder-22379.

17. Martin Whitely et al., "Influence of Birth Month on the Probability of Western Australian Children Being Treated for ADHD", *The Medical Journal of Australia* 206, no. 2 (6 de febrero de 2017): 85, https://www.mja.com.au/journal/2017/206/2/influence-birth-month-probability-western-australian-children-being-treated-adhd.

18. Timimi, *Insane Medicine*.

19. Allen Frances, "The Epidemic of Attention Deficit Disorder: Real or Fad?", *Psychiatric Times*, 19 de mayo de 2011, https://www.psychiatrictimes.com/view/epidemic-attention-deficit-disorder-real-or-fad.

20. Peter Simons, "*Lancet Psychiatry*'s Controversial ADHD Study: Errors, Criticism, and Response", *Mad in America*, 15 de mayo de 2017, https://www.madinamerica.com/2017/05 /lancet-psychiatrys-controversial-adhd-study-errors-criticism-responses/.

21. Benedict Carey, "Keith Conners, Psychologist Who Set Standard for Diagnosing A.D.H.D., Dies at 84", *New York Times*, 13 de julio de 2017, https://www.nytimes.com/2017/07/13/health/keith-conners-dead-psychologist-adhd-diagnosing.html.

22. Frances, "Keith Connors".

23. Eric Maisel, "Sami Timimi on ADHD, Autism and Children's Mental Health", *Psychology Today*, 1 de abril de 2016, https://www.psychologytoday.com/us/blog/rethinking-mental -health/201604/sami-timimi-adhd-autism-and-childrens-mental-health.

24. Maisel, "Sami Timimi".

25. Sami Timimi, *Naughty Bods: Anti-Social Behaviour, ADHD and the Role of Culture* (New York: Red Globe Press, 2005); Sami Timimi, Neil Gardner, y Brian McCabe, *The Myth of Autism: Medicalising Men's and Boys' Social and Emotional Competence* (New York: Red Globe Press, 2010); Timimi, *Insane Medicine*.

26. Sami Timimi, *A Straight Talking Introduction to Children's Mental Health Problems* (Wyastone Leys, UK: PCCS Books, 2013), pp. 129–31.

CAPÍTULO 21: ETIQUETAS Y EL NEUROCICLAJE

1. Amanda Penn, "Positive Labels: Why They're Actually Hurting Your Kids", Short-form, 11 de enero de 2020, https://www.shortform.com/blog/positive-labels/.

2. Raunak Pillai, Carrie Sherry, y Lisa Fazio, "How Repetition Affects What Kids and Adults Believe", *Frontiers for Young Minds*, 9 de abril de 2021, https://kids.frontiersin.org /articles/10.3389/frym.2021.582203.

CAPÍTULO 22: PROBLEMAS DEL SUEÑO

1. Yankun Sun et al., "The Bidirectional Relationship between Sleep Duration and Depression in Community-Dwelling Middle-Aged and Elderly Individuals: Evidence from a Longitudinal Study", *Sleep Medicine* 52 (diciembre de 2018): pp. 221–29, https://linkinghub.elsevier.com/retrieve/pii/S1389945718300856.

2. Rob Newsom, "Trauma and Sleep", Sleep Foundation, 29 de abril de 2022, https://www.sleepfoundation.org/mental-health/trauma-and-sleep.

3. Amy Licis, "Sleep Disorders: Assessment and Treatment in Preschool-Aged Children", *Child and Adolescent Psychiatry Clinics of North America* 26, no. 3 (julio de 2017): pp. 587–95, https://pubmed.ncbi.nlm.nih.gov/28577611/.

4. Kevin Carter et al., "Common Sleep Disorders in Children", *American Family Physician* 89, no. 5 (2014): pp. 368–77, https://www.aafp.org/afp/2014/0301/p368.html.

5. "Pediatric Obstructive Sleep Apnea", Mayo Clinic, consultado en línea 15 de septiembre de 2022, https://www.mayoclinic.org/diseases-conditions/pediatric-sleep-apnea/symptoms-causes/syc-20376196.

6. "Sleep Terrors and Sleepwalking", Nationwide Children's Hospital, consultado en línea 15 de septiembre de 2022, https://www.nationwidechildrens.org/conditions/sleep-terrors-and-sleep walking.

7. "Nightmares and Night Terrors", Stanford Medicine Children's Health, consultado en línea 15 de septiembre de 2022, https://www.stanfordchildrens.org/en/topic/default?id=nightmares-and-night-terrors-90-P02257.

8. Alexa Fry, "How Blue Light Affects Kids' Sleep", Sleep Foundation, 18 de abril de 2022, https://www.sleepfoundation.org/children-and-sleep/how-blue-light-affects-kids-sleep.

9. Julia Rodriguez, "Does Pre-Bed Video Gaming Ruin Your Sleep?", Advanced Sleep Medicine Services, consultado en línea 15 de septiembre de 2022, https://www.sleepdr.com/the-sleep-blog/does-pre-bed-video-gaming-ruin-your-sleep/.

10. Christopher Curley, "Only Half of U.S. Children Get Enough Sleep: Why That's a Serious Problem", Healthline, 24 de octubre de 2019, https://www.healthline.com/health-news/children-lack-of-sleep-health-problems.

11. "Sleeplessness", *British Medical Journal* 2, no. 1761 (1894): p. 719, http://www.jstor.org/stable/20229974.

12. Danielle Pacheco y Nilong Vyas, "Children and Sleep", Sleep Foundation, 11 de marzo de 2022, https://www.sleepfoundation.org/children-and-sleep; Harvard Medical School, "Changes in Sleep with Age", Healthy Sleep, consultado en línea 15 de septiembre de 2022, http://healthysleep.med.harvard.edu/healthy/science/variations/changes-in-sleep-with-age.

13. Matthew J. Wolf-Meyer, "Myths of Modern American Sleep: Naturalizing Primordial Sleep, Blaming Technological Distractions, and Pathologizing Children", *Science as Culture* 24, no. 2 (19 de agosto de 2014): 205–26, http://dx.doi.org/10.1080/09505431.2014.94 5411.

14. Lisa Anne Matricciani et al., "Never Enough Sleep: A Brief History of Sleep Recommendations for Children", *Pediatrics* 129, no. 3 (2012): pp. 548–56, https://publications.aap.org/pediatrics/article-abstract/129/3/548/31684/Never-Enough-Sleep-A-Brief-History-of -Sleep?redirectedFrom=fulltext.

15. Anjolii Diaz et al., "Children's Sleep and Academic Achievement: The Moderating Role of Effortful Control", *International Journal of Behavioral Development* 41, no. 2 (marzo de 2017): pp. 275–84, https://www.ncbi.nlm.nih.gov/pmc/articles/PMC5327793/.

16. Julie C. Lumeng, "Future Directions for Research on Sleep Durations in Pediatric Populations", *Sleep* 33, no. 10 (octubre de 2010): pp. 1281–82, https://academic.oup.com/sleep /article/33/10/1281/2454437?login=true; Doris Erwin, "An Analytical Study of Children's Sleep", *The Pedagogical Seminary and Journal of Genetic Psychology* 45, no. 1 (11 de septiembre de 2012): pp. 199–226, https://www.tandfonline.com/doi/abs/10.1080/08856559.1934.10534255.

17. Tim Olds et al., "The Relationship between Sex, Age, Geography, and Time in Bed in Adolescents: A Meta-Analysis of Data from 23 Countries", *Sleep Medicine Reviews* 14, no. 6 (diciembre de 2010): pp. 371–78, https://doi.org/10.1016/j.smrv.2009.12.002.

18. University of Copenhagen, "Stress Transmitter Wakes Your Brain More Than 100 Times a Night—and It Is Perfectly Normal", ScienceDaily, 14 de julio de 2022, https://www.sciencedaily.com/releases/2022/07/220714103016.htm.

19. Scott Kinlein et al., "Dysregulated Hypothalamic-Pituitary-Adrenal Axis Function Contributes to Altered Endocrine and Neurobehavioral Responses to Acute Stress", *Frontiers in Psychology* 6, no. 31 (13 de marzo de 2015), https://www.frontiersin.org/articles/10.3389/fpsyt.2015.00031/full.

20. Michael J. Breus, "The Effects of Cortisol on Your Sleep," *Psychology Today*, 10 de abril de 2020, https://www.psychologytoday.com/us/blog/sleep-newzzz/202004/the-effects-cortisol-your-sleep.

21. Sarah Khan Rafeeq Alam Khan, "Chronic Stress Leads to Anxiety and Depression", *Annals of Psychiatry and Mental Health* 5, no. 1 (27 de enero de 2017): p. 1091, https://www.jscimedcentral.com/Psychiatry/psychiatry-5-1091.pdf.

22. Pacheco Vyas, "Children and Sleep".

23. "Size of the Sleep Economy Worldwide from 2019 to 2024", Statista, 27 de julio de 2022, https://www.statista.com/statistics/1119471/size-of-the-sleep-economy-worldwide/.

24. Valérie Simard et al., "Longitudinal Study of Bad Dreams in Preschool-Aged Children: Prevalence, Demographic Correlates, Risk, and Protective Factors", *Sleep* 31, no. 1 (1 de enero de 2008): 62–70, https://www.ncbi.nlm.nih.gov/pmc/articles/PMC2225564/.

25. Eric Suni Alex Dimitriu, "Dreams", Sleep Foundation, 18 de marzo de 2022, https://www.sleepfoundation.org/dreams.

26. "Nightmares in Children", Cleveland Clinic, consultado en línea 15 de septiembre de 2022, https:// my.clevelandclinic.org/health/articles/14297-nightmares-in-children.

27. Tore Nielsen, "The Twenty-Four-Hour Mind: The Role of Sleep and Dreaming in Our Emotional Lives (Review)", *Sleep* 34, no. 4 (1 de abril de 2011): pp. 549–50, https://www.ncbi.nlm.nih.gov/pmc/articles/PMC3065266/.

28. University of Adelaide, "Want to Control Your Dreams? Here's How You Can", ScienceDaily, 19 de octubre de 2017, https://www.sciencedaily.com/releases/2017/10/171019100812.htm.

CAPÍTULO 23: PROBLEMAS DEL SUEÑO Y EL NEUROCICLAJE

1. "A Healthy Night's Sleep Starts the Moment You Wake Up", National Sleep Foundation, 13 de marzo de 2022, https://www.thensf.org/a-healthy-nights-sleep-starts-the-moment -you-wake-up/.

2. Eleesha Lockett, "Why Do We Have Recurring Nightmares?", Healthline, 28 de enero de 2019, https://www.healthline.com/health/healthy-sleep/recurring-nightmares.

ACERCA DE LA AUTORA

La **Dra. Caroline Leaf** es patóloga de la comunicación y neurocientífica clínica especializada en psiconeurobiología. Su pasión es ayudar a las personas a ver el poder de la mente para cambiar el cerebro, controlar el pensamiento caótico, y encontrar la paz mental. Es la autora de los libros éxitos de ventas *Limpia tu enredo mental, Enciende tu cerebro, Think and Eat Yourself Smart, Tu Yo perfecto, Piensa, aprende, ten éxito,* y muchos más. Es también la autora del podcast mejor valorado, *Cómo limpiar el enredo mental,* que tiene más de cuarenta millones de descargas. Actualmente realiza una extensa investigación y enseña en diversas conferencias académicas, médicas, empresariales, y neurocientíficas, al igual que en instituciones espirituales en todo el mundo. La Dra. Leaf y su esposo, Mac, tienen cuatro hijos adultos y viven entre Dallas y Miami.